多肉植物図鑑

松山美紗 著

日東書院

CONTENTS

PART 1　さまざまな姿形の多肉植物

肉厚の葉

Sedum　セダム p.8
Pachyphytum　パキフィツム p.11
Cotyledon　コチレドン p.12
Adromischus　アドロミスクス p.14

レンズ

Haworthia　ハオルシア p.15
Fenestraria　フェネストラリア p.17
Conophytum　コノフィツム p.17

脱皮

Lithops　リトープス p.18

ロゼット

Echeveria　エケベリア p.19
Sedeveria　セデベリア p.22
Graveria　グラベリア p.22
Agave　アガベ p.23

重なる葉

Crassula　クラッスラ p.25

バリエーション

Kalanchoe　カランコエ p.29
Aeonium　アエオニウム p.32
Bowiea　ボウィエア p.34
Portulacaria　ポーチュラカリア p.36
Adenia　アデニア p.37

存在感

Gasteria　ガステリア p.38
Senecio　セネシオ p.40

棘

Euphorbia　ユーフォルビア p.42
Pachypodium　パキポジウム p.45

PART 2 個性的なサボテンたち

名前
Epithelantha エピテランサ p.50

愛嬌
Lophophora ロフォフォラ p.52
Espostoa エスポストア p.54
Echinofossulocactus エキノフォスロカクタス p.55

肌
Astrophytum アストロフィツム p.56
Notocactus ノトカクタス p.58
Thelocactus テロカクタス p.59
Gymnocalycium ギムノカリキウム p.60
Chamaecereus カマエケレウス p.62
Eriocactus エリオカクタス p.62
Echinocereus エキノセレウス p.63
Opuntia オプンチア p.64
Echinocactus エキノカクタス p.65
Tephrocactus テフロカクタス p.65

花
Brasilicactus ブラジリカクタス p.66
Sulcorebutia スルコレブチア p.67

棘座
Mammillaria マミラリア p.68

森林性
Rhipsalis リプサリス p.74

植物園で大きなサボテンを観察 p.46

PART 3 多肉植物の寄せ植えを楽しむ p.75

寄せ植えに使う道具と材料 p.84

寄せ植えの仕方 p.86

殖やし方 p.88

育て方の注意 p.90

用語解説 p.91

多肉植物図鑑Index p.92

図鑑解説の★マーク

蒸れに注意…夏は蒸れに注意。風通しよく。★〜★★★
寒さに注意…冬の寒さに弱いので室内で管理。★〜★★★
強光に注意…夏の直射日光による葉焼けに注意。★〜★★★
光不足注意…日光不足だと徒長や色あせの原因に。★〜★★★
成長の速度…成長が遅い…★、ふつう…★★、成長が早い★★★
※特に注意が必要な植物に入っています。
※置いてある場所の日あたり具合・風通し・温度・湿度・鉢や土・植物のコンディションによって違うので、あくまでも参考に。

はじめに

多肉植物の原産地では、雨があまり降りません。
そんな場所で生息したため、身体に水をためようと進化しました。
その逞しさから生まれた姿形は、どれも美しくとても不思議です。
他の植物と違い、葉の色がグラデーションになっているなどとても繊細です。
紅葉する性質をもつので季節で色みが変わって楽しめます。

この図鑑では、多肉植物の写真集を見るような感覚で、
眺めて楽しんでいただけたらと思います。
虫眼鏡で近づいて見る楽しみに近いと思います。
細部にまでデザインが入った、多肉植物の造形美を堪能いただけたら。
多肉植物はたくさんの種類があるので、コレクションするのも楽しいです。
紹介している種類は手に入りやすいものを中心に選んでみました。

松山美紗

PART 1

さまざまな姿形の多肉植物

この図鑑では、それぞれの多肉植物の魅力をより観賞していただくために、
こんな観点で見てほしいという、
それぞれの特徴によって、ご紹介していこうと思います。
たとえばセダムであれば、たっぷり水をためたその「肉厚の葉」、
ぷっくりしていてかわいらしい葉です。
ハオルシアなどは、光を採り入れる「レンズ」をもっています。
光にかざして見ると美しいものです。
動物のように「脱皮」をするリトープスなどもあります。
不思議な多肉植物を、こんな観点でご紹介していきますので、
じっくり眺めてお楽しみください。

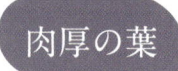
肉厚の葉

乾燥から身を守るために、しっかり水を蓄えぷっくりと太った葉。
他の植物にはないこのぷっくりした葉が多肉植物の代表的な姿。

セダム
Sedum

ベンケイソウ科

特徴　地面に低く広がる姿から名づけられたもので、群生してはっていく種類がほとんどです。屋上緑化などでも用いられていて、人気が高い種類です。葉の形、色も様々です。

性質　成長は早くよく殖えます。定期的に剪定などをして整えるときれいなままキープできます。日が大好きなのでとにかくよく日に当てることが大事です。寒さには強く一年中屋外で栽培が可能です。室内で育てるとどうしても日光不足ぎみになりきれいに育てるのが難しいです。

原生地　熱帯、亜熱帯、温帯

姫星美人【ひめせいびじん】
sedum dasyphyllum
セダム ダシフィルム

蒸れに注意 ★★★
光不足注意 ★★★
成長の速度 ★★

ブルーで産毛のある小さな葉が群生します。花は白の小花でとてもかわいい。
夏の蒸れで腐りやすいので風通しには注意する。
紅葉時には美しい紫色になります。繁殖は容易で、夏以外では簡単に殖えます。

緑亀の卵【みどりがめのたまご】
Sedum hernandezii
セダム ヘルナンデジー

強光に注意 ★★
光不足注意 ★★
成長の速度 ★

深い緑色の葉を持ち、
茎が茶色で産毛に覆われている。
成長はとっても遅いです。
日焼けしやすいので、真夏の強光は避けましょう。

白雪ミセバヤ【しらゆきみせばや】
Sedum spathulifolium
セダム スパスリフォリウム

蒸れに注意 ★★★
光不足注意 ★★★
成長の速度 ★★

白粉をまとった葉や茎。
小さなきれいなロゼットを作って群生します。
夏の蒸れが苦手です。要注意。
間延びすると葉と葉の間隔が開いてきます。

乙女心【おとめごころ】
Sedum pachyphyllum
セダム パキフィルム

蒸れに注意 ★★★
光不足注意 ★★★
成長の速度 ★★

紅葉時は葉先だけポッとピンク色に
紅葉するのでこう呼ばれています。
夏の蒸れに弱いので風通しよく。
葉ざしがしにくいので枝ざしで
殖やします。

ロッティー
Sedum cv.' Rotty'
セダム ロッティー

交配種です。花つきもよく人気。
紅葉時には縁だけが赤くなります。
下の葉が枯れて上へと伸び木立ちし、
下にはしっかりと子供が出て
群生していきます。

蒸れに注意 ★★★
光不足注意 ★★
成長の速度 ★★

|蒸れに注意 ★★★
光不足注意 ★★
成長の速度 ★★

オーロラ
Sedum rubrotinctum f. variegata
セダム ルブロティンクツム バリエガータ

紅葉時はきれいなピンク色に染まります。
虹の玉の斑入り種。
しっかりと日光に当てないと
鮮やかなピンク色が出ません。
水も控えめのほうがより色がよくなります。

斑入り丸葉万年草【ふいりまるばまんねんぐさ】

|蒸れに注意 ★★★
光不足注意 ★★★
成長の速度 ★★★

Sedum makinoi f. variegata
セダム マキノイ バリエガータ

丸葉で美しい、きれいな斑が入った万年草。
どんどん殖えますよ。
屋上緑化などでも注目されているほど。
屋外の強い光でないと間延びしてしまいます。

虹の玉【にじのたま】

|蒸れに注意 ★★★
光不足注意 ★★★
成長の速度 ★★

Sedum rubrotinctum
セダム ルブロティンクツム

多肉植物の代表といっても過言ではないほどの種。
ぷっくりと太った真っ赤な葉は魅力です。
暖かい時期は緑色、紅葉時は真っ赤に！
特によく日に当てて水を控え目に。
寒さ暑さに強く一年中外で育てられます。
どんな寄せ植えでも真っ赤な色がアクセントに。

宝珠【ほうじゅ】

|蒸れに注意 ★★
光不足注意 ★★★
成長の速度 ★★

Sedum dendroideum
セダム デンドロイデウム

とても大きく育つ木立ち種。
紅葉時はぷっくりと葉が太り、
全体的に黄色くなり葉先だけピンクになります。
下の葉が枯れて上の部分にだけ
光沢のある葉をつけます。
寄せ植えではシンボルツリーになります。

パキフィツム *Pachyphytum* ベンケイソウ科	

特徴　ふっくらとした太った葉をつけます。成長はその分、ゆっくりですが、しっかりと日光を浴びて大きくなった株は見事です。淡いブルーやグレーが、秋にはピンク色に紅葉します。かわいく太った姿から、〜美人とつく種類が多く、東美人から見返り美人まで、名前も楽しい種類です。

性質　寒さ、暑さに強く育てやすいです。しっかりと日に当ててじっくりと育てます。夏の日焼けで葉の表面に傷がつきますので注意が必要です。

原生地　メキシコ

桃美人【ももびじん】
Pachyphytum oviferum
パキフィツム オビフェルム

強光に注意 ★★★
光不足注意 ★★
成長の速度 ★

紅葉時にはきれいなピンクになります。
表面には白い粉がついていて
遮光をしています。葉ざしでよく殖えます。
ゆっくりと上へと成長するので、
地面に広がって育つセダムと一緒に植えると、
賑やかな寄せ植えになります。

コチレドン
Cotyledon

ベンケイソウ科

特徴　肉厚な葉をもち、木立ちします。下のほうはしっかりと木質化して、木のようになります。花はベル状の大きな花できれいです。

性質　とても育てやすく丈夫です。成長はゆっくりです。光にしっかりと当ててぷっくりとした葉をキープすると見事な姿になります。表面に白い粉がついている種類は、特に光を好みます。葉の表面が産毛に覆われているものは、夏の蒸れに弱いので風通しよく蒸らさないように気をつけます。

原生地　南アフリカ

熊童子【くまどうじ】
Cotyledon adismithensis
コチレドン アディスミスエンシス

蒸れに注意 ★★★
光不足注意 ★★
成長の速度 ★

熊の赤ちゃんの手のような葉から
こう呼ばれています。
葉の先端部分は爪と呼ばれていて、
紅葉時はきれいに赤くなります。
夏の蒸れに弱く葉の枚数が減り休みます。
夏は水やりを控えて。
秋からしっかりと成長します。

子猫の爪【こねこのつめ】
Cotyledon tomentosa ssp.ladismithiensis
コチレドン トメントーサ ラディスミシエンシス

熊童子よりも葉が小さくて
爪が3つです。熊より小さいから
この名前になったと思われます。
夏の蒸れに弱く風通しよくして休ませます。
熊童子と同じ育て方。

蒸れに注意 ★★★
光不足注意 ★★
成長の速度 ★

紅覆輪【べにふくりん】

Cotyledon macrantha var. virescens
コチレドン マクランタ ヴィレセンス

蒸れに注意 ★★
光不足注意 ★★
成長の速度 ★

大きな葉になる大型種。
深い緑色の葉の縁だけきれいに赤く紅葉します。
茎も太くしっかりとして大きな葉を支えます。
下の葉が枯れて上へと成長します。

福だるま【ふくだるま】

Cotyledon orbiculata var.oophylla
コチレドン オルビキュラータ オオフィラ

蒸れに注意 ★★
光不足注意 ★★★
成長の速度 ★

ぷっくりと丸い葉で小型種。福娘の葉が丸いタイプ。
表面は白粉に覆われています。
縁が紅葉時には赤くなりより可愛らしさが増します。
下葉が枯れて上へと成長する木立ち種。

銀波錦【ぎんぱにしき】

Cotyledon undulata
コチレドン ウンドゥラータ

蒸れに注意 ★★
光不足注意 ★★★
成長の速度 ★

葉の表面にしっかりと粉が吹いた種類です。
光を特に好みますので一年中外でもいいくらいです。
縁のふりふりがかわいらしい！
きれいな大きなオレンジ色のベル状の花を咲かせます。
花が咲くときには少し水やりを多めに日光にも当てて。

ティンカーベル

Cotyledon cv.'TinkerBell'
コチレドン ティンカーベル

蒸れに注意 ★
光不足注意 ★★★
成長の速度 ★

きれいな淡いグリーンの色と
スッとした葉の形が人気。
茎は細く茶色く木質化して
しっかりとした枝になります。
30cmぐらいまで大きくなります。

アドロミスクス
Adromischus

ベンケイソウ科

特徴　ぷっくりとした葉をもちます。葉の模様がいろいろあって渋い種類。成長はとっても遅く、じっくり育てられます。茎が毛に覆われている種類が多い。葉が取れやすいので要注意。

性質　とても強いです。葉が太っているので葉ざしもよくできます。

原生地　南アフリカ

トリギナス
Adromischus trigynus
アドロミスクス トリギナス

赤茶色の不思議な模様がついた
葉が特徴的。
好みが分かれますが、きれいな一種。
葉が取れやすく葉ざしがしやすい。
花は地味ですがつきやすいです。
夏は蒸れないように。

蒸れに注意 ★★★
成長の速度 ★

永楽【えいらく】
蒸れに注意 ★★★
成長の速度 ★

Adromischus cristatus
アドロミスクス クリスタータス

葉の縁のふりふりがかわいらしく。
茎が毛に覆われている姿も不思議！
成長はゆっくりですが、立ち上がって育ち
大きくなった姿は迫力大。
葉の模様も美しい。
1年で数cmの成長です。

レンズ

強い日差しの原産地では、身体のほとんどが砂で覆われています。
唯一外に出ている葉先が、レンズに進化し光を採り込んでいます。

ハオルシア
Haworthia
ユリ科

特徴　ハオルシアではなくハオルチアと発音することも多いです。葉の表面にレンズをもち、ここから光を集めています。現地ではこの窓しか外に出ておらず身体は砂に埋もれているといいます。レンズの部分が大きく透明感の強い種類もたくさんあり、人気があります。また、窓のところの模様のバリエーションも豊富なため、コレクションに拍車がかかります。花は白い光沢のある花びらです。身体からすーっと花芽が伸びて上のほうで小さな花が咲きます。花そのものは華やかではないのですが、花をつけたその姿に趣があります。

性質　ガステリア属と性質は同じです。比較的弱い光で育てられます。窓辺などで大丈夫です。透明感が強いほど光を好みます。葉が茶色く変色してきたら光が強過ぎる合図、ロゼットが崩れて葉が立ち上がってきたら光が足りない合図です。水は根が完全に乾くのが好きではないので、通年、水をあげます。

原生地　南アフリカ

雫石【しずくいし】
Haworthia obtusa
ハオルシア オブツーサ

光不足注意 ★
強光に注意 ★★
成長の速度 ★

葉の先のレンズの透明感が美しく、人気が高い種類。
葉の一枚一枚が雫のようです。
直径10cmぐらいに育ったら、子供を出し群生していきます。
性質が他の多肉と違うので、ハオルシア属は
この属同士で寄せ植えすると管理が楽です。

コレクタ
Haworthia correcta
ハオルシア コレクタ

光不足注意 ★
強光に注意 ★★
成長の速度 ★

葉の表面の模様、形で様々なタイプがあります。
レンズが大きく、葉脈も面白いです。
日が強いと茶色くなり、
日が弱いと立ち上がって
葉と葉の間に隙間ができてしまいます。
十分な日照と水が必要です。

十二の爪【じゅうにのつめ】
Haworthia reinwardtii
ハオルシア レインワルディー

光不足注意 ★★
強光に注意 ★★
成長の速度 ★

硬葉種で、葉の表面に白い模様があります。
十二の巻とよく似ていますが、
葉があまり開かずに展開して上へと成長します。
子供が出て群生します。葉が開いてきたら日照不足の合図。

ギガス
Haworthia arachnoidea v. gigas
ハオルシア アラコノイデア ギガス

強光に注意 ★★
光不足注意 ★★
成長の速度 ★

葉の縁にプラスチックのような質感の毛を覆い、
中心部分に向けてロゼットを作っていきます。
成長はゆっくりです。
日焼けしないように、しっかりと日光に当て、
水を切らさず、じっくりと大きな株へと成長させます。

毛蟹【けがに】
Haworthia cv. "Kegani"
ハオルシア ケガニ

強光に注意 ★★★
成長の速度 ★

交配種です。
見た目のままのネーミングです。
葉の表面のちょっと
毛羽立った感じが
毛蟹にそっくりです。
他にも蟹シリーズがあります。
日焼けしやすいので直射日光は
避けて育てます。

玉扇【ぎょくせん】
Haworthia truncata
ハオルシア トルンカータ

葉の表面をスパッと切ったような形には
誰もが驚かされます。葉の表面の
平らなところはレンズになっていて
光を集めています。窓の模様によって高
値で取引されていることがあります。
日焼けしやすい種類です。
夏の強光には気をつけます。

強光に注意 ★★★
成長の速度 ★

フェネストラリア
Fenestraria

ツルナ科

特徴　こん棒状の肉厚な葉の表面にはレンズがあり、光を集める窓をもっています。現地ではこの部分しか表面に出ていないという不思議な植物。白い花の群玉（ぐんぎょく）と、黄色の花の五十鈴玉（いすずぎょく）があります。花が咲いてくれないとどちらかがわかりません。姿は全くといっていいほど同じです。

性質　冬型の成長で、夏には休眠します。夏の蒸れには特に弱いので、断水をしては風通しのよい場所に置き休ませます。冬は逆に寒さにとても強いので、屋外でも大丈夫なくらいです。夏を何とか乗り越えれば育てやすい種類です。

原生地　南アフリカ

五十鈴玉【いすずぎょく】
Fenestraria aurantiaca
フェネストラリア アウランティアカ

蒸れに注意 ★★★
光不足注意 ★
成長の速度 ★

黄色の花をつけます。
昼間は開きますが、夜は閉じます。
群玉に比べてこちらのほうが
少し葉が長いタイプです。
葉先の透明感が美しい。
寄せ植えは、性質が同じツルナ科同士で。

聖園【せいえん】
Conophytum igniflorum
コノフィツム イグニフロールム

蒸れに注意 ★★★
光不足注意 ★★
成長の速度 ★

ハート形のかわいい形と、
肉厚な姿が人気です。オレンジ色の
きれいな花を咲かせます。
梅雨から秋までは、なるべく水をあげずに、
風通しのよい場所で管理します。

コノフィツム
Conophytum

ツルナ科

特徴　コロンとした形は愛嬌たっぷり。様々な種類があって、どの種類なのか見分けがつかないくらいあります。2枚の葉がくっついて玉のような形になっています。形もまん丸な「丸形」、中心部分だけ凹む「鞍形」足袋のような形の「足袋形」などがあります。冬にはきれいな花をつけます。花も赤白黄色とバリエーションがあり、コレクションしたくなります。

性質　冬型の成長で、夏には休眠します。夏の蒸れに弱いので、断水をしては風通しのよい場所に置いて休ませます。春になると脱皮が始まるので張りがなくなります。そうしたら水を徐々に減らして見守りましょう。中から新しい子供が出てきます。日が弱いと縦長に間延びして、弱い株に育ちますので、しっかりと光に当てて育てます。

原生地　南アフリカ

脱皮

植物とは思えない動物的な現象。1つの個体から2つの個体に繁殖します。
個体の中で静かに次なる世代が育ち、古い個体を割って出てきます。

リトープス
Lithops

ツルナ科

特徴　コノフィツムと同様、こちらも2枚の葉が1つになって丸くなった形をした不思議な植物。表面には窓もあり、その模様は動物の食害から身を守るため、現地の石をまねて擬態しているということですから、また興味が湧きますね。様々な種類があり、花色も多数あるため、コレクターの多い種類でもあります。リトープスとは石に似たという意味です。

性質　冬型の成長で、夏には休眠します。夏の蒸れに弱いので、断水をしては風通しのよい場所に置いて休ませます。春になると脱皮が始まるので張りがなくなります。そうしたら水を徐々に減らして見守りましょう。中から新しい子供が出てきます。日が弱いと縦長に間延びして、弱い株に育ちますので、しっかりと光に当てて育てます。

原生地　南アフリカ

日輪玉【にちりんぎょく】
Lithops aucampiae ssp. aucampiae
リトープス アウキャンピアエ

蒸れに注意 ★★★
光不足注意 ★★
成長の速度 ★

大きくなり、窓が迫力満点。
きれいな赤褐色の肌の上には
黄色の美しい花をつけます。
この属の中では育てやすいほうです。
リトープスにはたくさんの種類があり、
性質は一緒なので寄せ植えすると楽しいです。

ロゼット

ロゼットとは、花が開くように規則的に美しく葉が重なり広がる様。
紅葉時には、たくさんのロゼットが花畑のように色とりどり美しく広がります。

エケベリア
Echeveria
ベンケイソウ科

特徴　花のように葉をロゼット状に広げ、姿の華やかさで人気が高いです。紅葉も美しく、色も形のバリエーションも豊富とコレクター心をくすぐられる種類です。横に子供を殖やして群生するタイプと、下葉から徐々に枯れて上へと成長していく木立ち種とあります。

性質　夏の蒸れに注意して、通年よく光に当ててあげればとても強くて育てやすいです。室内というよりは屋外の強光のほうがきれいに育ちます。紅葉を楽しむためにもやはりしっかりと日に当ててあげることが何よりですから、冬でもなるべく日に当ててあげます。虫がつきやすいので、早期発見して駆除が必要です。

原生地　アメリカ、中南米

パーティードレス
Echeveria cv. Party Dress
エケベリア パーティードレス

蒸れに注意 ★★★
光不足注意 ★★★
成長の速度 ★★

葉の縁のフリンジが踊ったときの
ドレスの裾のようですね。きれいな大型種。
紅葉時はもっと濃いピンク色に。
大型種なので葉が大きく迫力があります。
葉ざしは花茎についた小さな葉で行います。
強くて育てやすい。寄せ植えする際は
スペースをしっかり確保します。

チワワエンシス
Echeveria chihuahuaensis
エケベリア チワワエンシス

小型種。葉先だけが
ピンク色になるコンパクトな
ロゼットがかわいい。
夏でも葉先の色が落ちないので、
寄せ植えでの彩りに使えます。
蒸れに弱いので風通しよく。

蒸れに注意 ★★★
光不足注意 ★★★
成長の速度 ★★

トッピシータビー

Echeveria cv. 'Topsy Turvy'
エケベリア トッピシータビー

蒸れに注意 ★★
光不足注意 ★★★
成長の速度 ★★

葉の一枚一枚が立体的です。
淡い白粉をまとったきれいな葉の表面です。
全体的に薄いピンクに紅葉します。
葉がハート型に見えますね。
蒸れにやや弱いですが育てやすいです。
花つきもよいです。
葉の形に特徴があるので、寄せ植えにすると目立ちます。

ラウリンゼ

Echeveria 'Laulindsa'
エケベリア ラウリンゼ

蒸れに注意 ★★★
光不足注意 ★★★
成長の速度 ★★

淡いブルーの白粉をまとった
ふっくらと肉厚な葉のロゼット。
夏の蒸れに弱いので、夏は風通しよく水を控えて。
秋から春にかけては葉がぷっくりと太り、
全体がきれいなピンクに紅葉します。
暑さにとても弱いので、寄せ植えには
しないほうがいいです。

ボンビシナ

Echeveria cv. Bombycina
エケベリア　ボンビシナ

蒸れに注意 ★★★
光不足注意 ★★★
成長の速度 ★★

フワフワの毛に覆われた葉と茎が
何とも動物的でかわいい種。
夏の蒸れに特に弱いので注意！
風通しのよい場所で管理します。
下の葉が枯れて木立ちします。
こちらも寄せ植えしないほうがいいです。

花の司【はなのつかさ】
Echeveria harmsii
エケベリア ハームシー

蒸れに注意 ★★
光不足注意 ★★★
成長の速度 ★★

ハムシーという学名でも出回っています。
紅葉時は縁を中心に赤くなります。
木立ち種で立派な樹形になります。
成長期には葉が長くなり、
紅葉時には葉が短くコンパクトに。
季節で雰囲気ががらっと変わる種類。
寄せ植えのメインとして重宝します。

蒸れに注意 ★★★
光不足注意 ★★★
成長の速度 ★★

イリアセッカ
Echeveria 'Iria' f. cristata
エケベリア イリア クリスタータ

薄いレースのような葉が重なる姿が
美しいイリア。そのセッカですから、
さらに重なり合って美しいです。
淡いブルーから淡いグリーンに紅葉します。
原種よりもさらに風通しよい場所で
夏を越させます。

森の妖精【もりのようせい】
Echeveria Gusto
エケベリア グスト

小さな葉と茎、全体的に赤く紅葉します。
小型で木立ち性。
小さな葉をつけて木立していく姿が人気。
紅葉時の色は見事な色です。
間延びしやすいので通年よく日光に当てます。

蒸れに注意 ★★
光不足注意 ★★
成長の速度 ★★

セデベリア
Sedeveria
ベンケイソウ科

特徴　セダム属とエケベリア属の交配種。セダムのかわいらしい小さな葉と、エケベリアの美しいロゼットを掛け合わせたいいとこ取りです。繊細な印象を与える種類が多いです。

性質　とにかく日が大好きです。よく日の当たる場所に置きます。室内よりも屋外のほうが育てやすいです。夏の蒸れに注意して風通しのよい場所で管理します。

原生地　交配種

ファンファーレ
Sedeveria cv. Fanfare
セデベリア ファンファーレ

蒸れに注意 ★★★
光不足注意 ★★★
成長の速度 ★★

薄いシャープなグリーンの葉が
繊細で美しい。下葉が枯れて
上へと成長し、茎にたくさん子供を出し
群生していきます。
ほふく性なので倒れてくるのは正常です。
紅葉すると淡い黄色になり葉も太ります。

デビー
Graveria 'Debbie'
グラベリア デビー

蒸れに注意 ★★
光不足注意 ★★★
成長の速度 ★★

年間を通して、ピンク色が楽しめる種。
紅葉時はとっても濃いピンク色になります。
寄せ植えに入れると華やかになります。
よく子供を出し、殖やすのも簡単です。
下の葉が枯れてやや木立ちします。
日光不足で水やりが多いと、色がすぐあせ間延びしやすい。

グラベリア
Graveria
ベンケイソウ科

特徴　グラプトペタルム属とエケベリア属との交配種です。しっかりとした肉厚の角ばった葉ときれいなロゼットといういいところを取っています。育てやすくきれいな種類が多いです。

性質　日光が大好きなので屋外が向いています。寒さ、暑さに強く育てやすいです。繁殖も容易で、葉ざしも簡単にできます。虫がつくことがあるので、見つけたら駆除を。

原生地　交配種

アガベ
Agave

リュウゼツラン科

特徴　葉先が棘のように尖っています。葉は硬く、成長点の中心部分でしっかりと閉じていた部分が、開いてくると葉の表面に模様となって現れます。きれいなロゼット状に葉を広げます。葉の形、色もバリエーションがありたくさんの種類が含まれます。

性質　とにかくとても丈夫です。水を与えるときにはしっかりと与えます。光によく当てるときれいなロゼットになります。

原生地　アメリカ、メキシコ

ナンバーワン
Agave titanota sp.No.1
アガベ ティタノータ ナンバーワン

蒸れに注意 ★
光不足注意 ★★
成長の速度 ★

錆びた鉄のような葉の縁の棘が
渋くてかっこいい種類。
枯れたように見えるかもしれません。
一枚一枚の葉が大きく、
その重なった姿は迫力があります。

吉祥天【きっしょうてん】
Agave parryi var. huachucensis
アガベ パリー

蒸れに注意 ★
光不足注意 ★★
成長の速度 ★

きれいなブルーグリーンの肌と、
茶色の棘が美しい。
葉の縁のギザギザが特徴。
葉の一枚一枚が大きく
迫力のあるロゼットに。

乱れ雪【みだれゆき】
Agave filifera ssp. schidigera
アガベ フィリフェラ

蒸れに注意 ★
光不足注意 ★★
成長の速度 ★

葉の縁にはカールした
白い棘がついていて不思議な種類。
縁を削ったような、そんな作為的な造形。
葉が広がりますので、少しスペースをあけて
寄せ植えしてください。

吹上【ふきあげ】
Agave stricta
アガベ ストリクタ

蒸れに注意 ★
光不足注意 ★★
成長の速度 ★

葉が細く硬い。成長とともに葉が長くなり、
大きなロゼットに成長します。
葉先の棘が硬く鋭いので触ってしまうととても痛い。
淡い緑色が明るい印象です。性質はとても強いです。
アガベ属は、サボテンとの寄せ植えが雰囲気的にも性質的にも
合います。大きく広がるのでスペースを考えて。

重なる葉

葉を四方に十字に重ねます。とても規則的な葉の重なりが美しいです。葉の形によって印象も違い、この種類だけを集めても飽きないくらいです。

クラッスラ
Crassula
ベンケイソウ科

特徴	たくさんの種類があります。共通点は葉の重なり方。上から見るとみんな十字にきれいに葉が重なっています。花は小花ですが、咲き方がどれもかわいらしく、匂いがあるものもあります。
性質	夏型、冬型と成長過程が2種類あります。冬型は冬に成長して夏は休みます。夏型は夏に成長して冬は休みます。いずれにせよ夏は風通しをよくして腐らないように注意が必要です。
原生地	南アフリカ、東アフリカ

神刀【じんとう】

Crassula perfoliata var. falcata
クラッスラ ペルフォリアータ ファルカータ

蒸れに注意 ★★
強光に注意 ★★★
成長の速度 ★

葉の形が刀のようなことからこう呼ばれています。2方向へきれいに育ちます。
成長はゆっくりですが、性質は強い。夏型。
日が強過ぎると葉焼けするので夏場は遮光ぎみで育てます。
夏型種、冬型種は一緒に寄せ植えをしないように。
夏型種は同じベンケイソウ科の植物との相性もよく、寄せ植えが可能です。

アイボリーパゴダ
Crassula ivory pagoda
クラッスラ アイボリーパゴダ

蒸れに注意 ★★★
光不足注意 ★★
成長の速度 ★

白い産毛が表面に生えていてビロードのような質感。
小型で成長は遅く、子供を出し群生していきます。
暑くなり始めたら通風をよくしてあげないと、
斑点が出てしまう。冬型。

キムナッキー
Crassula cv.' Kimnachii'
クラッスラ キムナッキー

蒸れに注意 ★★★
光不足注意 ★★
成長の速度 ★

葉が重なって塔のような姿になります。
きれいな葉の重なりを
眺めているだけで楽しいです。
深い緑色の肌の表面は産毛で覆われています。
夏に弱いので夏は風通しよく。冬型。

レモータ
Crassula remota
クラッスラ レモータ

蒸れに注意 ★★
光不足注意 ★★
成長の速度 ★★

蔓のように葉を連ねて伸びていきます。
その先端に小花を咲かせる姿はかわいらしいです。
紅葉すると全体が紫色に。
暖かい時期はシルバー色です。
成長期にはよく子供を出し、
伸びていきます。夏型。

プベッケンス
Crassula pubescens
クラッスラ プベッケンス

蒸れに注意 ★★★
光不足注意 ★★★
成長の速度 ★★

夏型。冬にはしっかりと紅葉して
きれいな小豆色に。温かい時期は
草のように緑色になります。
葉が取れやすく葉ざししやすいです。
間延びしやすいのでよく日光に当てて。

呂千絵【ろちえ】
Crassula Morgans Beauty
クラッスラ モーガンス ビューティー

蒸れに注意 ★★★
光不足注意 ★★
成長の速度 ★

シルバーの肉厚な葉をもち、
春先に中心部分に花をつける。
四方にきれいに葉を広げる小型種。
なかなか大きくならないが性質は強い。
冬型。

紅葉祭り【もみじまつり】
Crassula cv. 'Momiji Matsuri'
クラッスラ モミジマツリ

蒸れに注意 ★
光不足注意 ★★★
成長の速度 ★★

似た種の火祭りよりも葉が肉厚。
きれいに紅葉する。
普段は緑色で、紅葉時は真っ赤に。
しっかりと日光に当てればとても強い。
成長期には容易に繁殖します。
夏型。

銀揃え【ぎんぞろえ】
Crassula mesembryanthemoides
クラッスラ メセンブリアンテモイデス

蒸れに注意 ★★★
光不足注意 ★★
成長の速度 ★★

表面に毛の生えた葉をもち、
木のように生長していきます。
夏はシルバー、
秋から紫色に紅葉します。
大きくなり木のようになります。
夏型。

銀盃【ぎんぱい】
Crassula hirsta
クラッスラ ヒルスタ

蒸れに注意 ★★
光不足注意 ★★
成長の速度 ★

しっかりとした深い緑色の葉を
ロゼットにして成長する。夏型。
花の咲き方がとても面白い。
葉の表面はざらっとしています。
葉ざしで容易に繁殖します。
夏の蒸れに注意。
写真の伸びているのは花茎で、
20cmくらい。

サルメントーサ

Crassula sarmentosa f.variegata
クラッスラ サルメントーサ バリエガータ

蒸れに注意 ★★
光不足注意 ★★
成長の速度 ★★★

赤い茎と緑と黄色の葉が華やかです。
暖かい時期は赤みがなくなりよく伸び、
剪定して作り直さないと暴れて育ちます。
剪定したものは枝ざしで殖やせます。
夏型。

十字星【じゅうじせい】

Crassula perforata var. variegata
クラッスラ ペルフォラータ バリエガータ

蒸れに注意 ★★
光不足注意 ★★
成長の速度 ★★★

葉が薄くて中型で縁だけ赤く紅葉するタイプ。
上へと伸びていきます。
成長とともに茎の下の部分が木質化します。
気になる場合は上の部分をカットして、
挿し木してきれいな株を育てます。
夏型。

ゴーラム

Crassula portulacea cv. Golum
クラッスラ ポーチュラセア ゴーラム

蒸れに注意 ★
光不足注意 ★★
成長の速度 ★★

葉の先が丸くラッパのような形の変わった種類。
宇宙の木とも呼ばれています。
金の成る木を元に作られた交配種。
しっかりと茎が成長し、
3年もすると立派な木のようになります。
夏型。

数珠星【じゅずぼし】

Crassula mernieriana cv.
クラッスラ メルニエリアナ

四角い葉が茎にネックレスのように連なって
姿がとても楽しい種。夏型。
紅葉時には縁だけが赤くなります。
日光不足だと葉と葉の間隔が開いて育ちます。
寄せ植えで動きを表現したいときに入れるといいです。

蒸れに注意 ★★★
光不足注意 ★★★
成長の速度 ★★

バリエーション

葉が産毛で覆われている種や、鮮やかな赤い模様のある種など
カランコエ属とひとくくりにしていますが、個性に富んだ属です。

カランコエ *Kalanchoe* ベンケイソウ科	

特徴　マダガスカル原産の、不思議な種類を多く含む属です。小型種から大型種まであり、葉に模様があったり、産毛で全身が覆われていたり、ビロードのような質感をもっていたりバリエーションに富んでいます。

性質　冬の寒さが苦手です。冬はなるべく水を控えて温かくしてあげます。日光にもよく当ててあげると葉がきれいな形になります。葉の表面に毛がある種類は夏の蒸れが苦手ですので風通しよく。

原生地　マダガスカル、南アフリカ

アルボレッセンス
Kalanchoe arborescens
カランコエ アルボレッセンス

寒さに注意 ★★★
光不足注意 ★★★
成長の速度 ★★

かえるの足のような形の葉が何ともかわいい種。
木立ちして大きくなり上のほうにだけ
葉をつけます。時間をかけて大きくなると
地下部は塊根になります！
カランコエ属は寒さに弱く、冬は室内で管理するため、
セダムなどの強光を好む種類との寄せ植えは不向きです。

小匙【こさじ】
Kalanchoe hildebrandtii
カランコエ ヒルデブランティー

蒸れに注意 ★★★
寒さに注意 ★★★
成長の速度 ★★

銀のスプーンよりも小さくて素朴です。
葉がとっても取れやすいのでご注意。
白蝶の舞とも呼ばれます。
葉の表面が産毛で覆われています。
葉ざしが簡単にできます。

銀のスプーン【ぎんのすぷーん】
Kalanchoe bracteata
カランコエ ブラクテアータ

寒さに注意 ★★★
光不足注意 ★★★
成長の速度 ★★

スプーンのような形の葉です。
全体がシルバーで縁だけが茶色です。
シルバースプーンとも呼ばれます。
葉が取れやすく、葉ざしが容易。
子供がたくさん出てきます。

仙人の舞【せんにんのまい】
Kalanchoe orgyalis
カランコエ オルギアリス

寒さに注意 ★★★
光不足注意 ★★★
成長の速度 ★★

シックな茶色をした
とてもきれいな種類。
下の葉が枯れ上へと木立ちします。
成長すると葉も大きくなり、
茎も太くなります。
乾いた雰囲気がサボテンとの
相性抜群。

月兎耳【つきとじ】
Kalanchoe tomentosa
カランコエ トメントーサ

蒸れに注意 ★★
寒さに注意 ★★
成長の速度 ★★

兎の耳のような質感と形からこの名前が。
縁の茶色の部分を星と呼んでいます。
縁の黒いものを黒兎耳と呼んだり、
ニックネームがつけられています。

黄金月兎耳【おうごんつきとじ】
Kalanchoe tomentosa 'Golden Rabbit'
カランコエ トメントーサ ゴールデンラビット

蒸れに注意 ★★
寒さに注意 ★★
成長の速度 ★★

月兎耳の中で黄色い葉のタイプ。
ゴールデンラビットとも呼ばれています。
他にも黒兎耳や、野うさぎなど
いろいろなタイプがあります。
いずれも葉ざしで簡単に殖やせます。

ファング
Kalanchoe beharensis 'Fang'
カランコエ ベハレンシス ファング

葉の裏の凹凸部分が牙のようなので、
ファング(牙)と名づけられました。
茎まで全て毛で覆われています。
大きくなると葉も大きくなります。
寒さに弱いので
冬は室内の窓辺で管理します。

蒸れに注意 ★★★
寒さに注意 ★★★
成長の速度 ★★

唐印【とういん】
Kalanchoe thyrsiflora
カランコエ シルシフローラ

扇形の葉をきれいに重ねた姿が美しい。
白粉をまとった葉は全体的に赤く紅葉します。
紅葉していない時期は真っ白で
それはそれで美しいです。
日光によく当てないとすぐに
間延びします。

寒さに注意 ★★★
光不足注意 ★★★
成長の速度 ★★

フミリス
Kalanchoe fumilis
カランコエ フミリス

葉の模様が個性的。
グロテスクながら美しい種。
色合いの美しさも抜群です。
寄せ植えでのアクセントになります。
花は稲穂のような変わった花です。
背は高くならず群生していきます。

寒さに注意 ★★
光不足注意 ★★
成長の速度 ★★

アエオニウム
Aeonium

ベンケイソウ科

特徴　茎が木質化して木のようになり、葉を上の部分にだけつける姿が人気。葉の色も黒やピンク、黄色とバリエーション豊富。小型、大型とサイズも様々です。

性質　下の葉が枯れて上へと成長します。下の葉が枯れていきますが成長の過程ですので心配はいりません。光を好みますのでよく日に当てて育てます。

原生地　北アフリカ、カナリア諸島

サンバースト
Aeonium urbicum cv. 'Sunburst'
アエオニウム ウルビカム サンバースト

きれいなピンク、黄色、
緑色の葉を大きく広げる。
下の葉が枯れて上へと成長し、
上の部分にだけ葉をつけます。
上のほうで子吹きして群生します。
挿し木で殖やします。

光不足注意 ★★★
強光に注意 ★★
成長の速度 ★★

サンバーストセッカ
Aeonium urbicum cv. 'Sunburst' cristata
アエオニウム ウルビカム サンバースト クリスタータ

サンバーストの成長点が
線になって成長したセッカタイプ。
ピンク色が美しい成長期には、
より面白い姿になります。
枯れた下葉は取り除きます。
木質化して大きくなりますので、
これを中心にミニチュアな世界を
作ることも可能です。

光不足注意 ★★★
強光に注意 ★★
成長の速度 ★★

仙童唱【せんどうしょう】

Aeonium spathulatum
アエオニウム スパスラーツム

小型です。渋い茶色の
筋の通った模様が美しい葉。
時間はかかりますが、
成長すると小さな木になります。
葉は少し粘着質。

光不足注意 ★★★
成長の速度 ★

バイオレットクイーン

蒸れに注意 ★★
光不足注意 ★★★
成長の速度 ★★

Aeonium cv. 'Violet Queen'
アエオニウム バイオレットクイーン

黒法師よりも茶色く、中心部分が
緑色っぽく淡い印象。
葉の表面に産毛があり、マットな印象。
夏に弱いので風通しよくして、水を控えます。

夕映え【ゆうばえ】

光不足注意 ★★
成長の速度 ★★

Aeonium decorum f. variegata
アエオニウム デコルム バリエガータ

黄色とピンクとグリーンの色の
コントラストが美しい。
季節によっては緑色一色という
地味な時期もあります。
木立ち種で上へと成長します。

黒法師【くろほうし】

Aeonium arboreum var. atropurpureum
アエオニウム アルボレウム アトロパプレウム

葉が黒く茎の上の部分につけます。
日が弱いと緑色になるので
よく日に当てます。
真夏、真冬は落葉して少し休みます。
寄せ植えに入れるとシックな仕上がりに。

光不足注意 ★★
成長の速度 ★★

ボウィエア *Bowiea* ユリ科	

特徴　玉ねぎが半分土の中から顔を出し、その中心部分から芽が出てきちゃってる！みたいな状態の変わった種類です。球根部分は一年中このままですが、ツルの部分は季節によって枯れたり、伸び続けたりします。成長期には伸びます。休眠期には枯れてなくなりますよ。

性質　性質は強く育てやすいです。冬に成長をするタイプと、夏に成長するタイプと両方あります。休眠期には水を控えて休ませます。成長期にはしっかりと水を与えて、球根がしっかりと張った状態をキープすると成長が著しいです。日によく当ててあげると花も咲きます。種が採れることもあるのでその際は種まきをして殖やすこともできます。

原生地　南アフリカ

蒼角殿【そうかくでん】

光不足注意 ★★
成長の速度 ★★

Bowiea volubilis
ボウィエア ボルビリス

成長期、休眠期がはっきりしているので、
季節を感じられる種類です。
茎と葉はまるで海草のようで、
成長期にはどんどん茂っていきます。
芋が大きければ大きいほど、
上の部分の成長も早く大きくなります。

ポーチュラカリア
Portulacaria
スベリヒユ科

特徴　茎が太くて木のようになっていくので、タニクっぽくないですが、アフリカではしっかりと茎や葉に水をためて自生しています。現地ではブッシュのようになり象の食用となっているそうです。

性質　寒さにとても弱いので、冬は必ず室内で育てます。光を好みます。

原生地　南アフリカ

雅楽の舞【ががくのまい】
Portulacaria afra var. variegata
ポーチュラカリア アフラ バリエガータ

きれいな斑が入った葉が美しい。
四方八方に茎が伸びます。
しっかりと光に当てると
縁がきれいにピンク色になります。
成長すると茎がぐっと太くなり
盆栽のように仕立てられます。

寒さに注意 ★★★
光不足注意 ★★★
成長の速度 ★★

モロキネンシス
Portulacaria molokiniensis
ポーチュラカリア モロキネンシス

寒さに注意 ★★★
光不足注意 ★★★
成長の速度 ★

成長はとてもゆっくりですが。
上の部分にだけ葉をつける
何とも愛嬌のある姿が魅力です。
寒さに弱いので、冬は必ず室内で。
茎が太くなると葉も大きくなります。

アデニア
Adenia

トケイソウ科

特徴　コーデックス類です。芋類とも呼ばれています。茎の幹の部分が徳利（とっくり）状になり水分を蓄えています。そこから枝を出し、成長期には蔓が伸びます。暖かい時期にだけ蔓を伸ばし、寒い休眠期には蔓を全て落とし、芋だけになってしまいます。春になって芽吹いて成長する姿は、季節を感じられていいものですよ。茎は実生で育てた苗でないと徳利状に太りません。

性質　休眠期の冬には水を与えず、なるべく温かい場所で管理してください。しっかりと断水すれば、比較的、冬越しは簡単なほうです。成長期には水をしっかりとあげて成長させましょう。

原生地　アジア、アフリカ

グラウカ
Adenia glauca
アデニア グラウカ

葉の形もかわいらしく、
黄色の花をつける。
蔓が延び過ぎると
重みで折れてしまいますので
支柱など何かつかまれるものを
近くに置いて支えます。

寒さに注意 ★★★
成長の速度 ★

存在感

独特の印象を放ち、何ともいえない存在感がある植物です。
堅くて肉厚などっしりとした男性的な種類から、女性的な種類まで多様です。

ガステリア
Gasteria

ユリ科

特徴　深い緑色の肉厚の葉をもち、渋いながら、すごい存在感に圧倒される種。葉の表面にざらつきのある種や、グロテスクな模様がついている種など様々。花の形が胃袋のような姿なので、ガスト（胃）から名前がきているといわれている。赤い花と緑の身体のコントラストが美しい。

性質　強健で、寒さ、暑さに強くとても育てやすいです。弱い光でも育ちます。室内の窓辺などが最適です。真夏は日焼けなどにご注意を。根が太いので、通年水を切らさずにしっかりと水をあげると葉が痩せずにきれいに作れます。

原生地　南アフリカ

臥牛【がぎゅう】

強光に注意 ★★
成長の速度 ★

Gasteria armstrongii
ガステリア アームストロンギー

牛の舌のような形からこの名前がついたといわれています。
肉厚で葉の模様に個体差があるのでコレクターが多い人気種。
遮光ぎみで育てると美しい緑色をキープできます。
また、太根なので完全に乾くのを嫌います。
通年水を適度にあげます。

グロメラータ

強光に注意 ★★
成長の速度 ★

Gasteria glomerata
ガステリア グロメラータ

ちょっとシルバーかかった
マットな色のザラッとした質感の
表面が面白い種。小型で群生していく。
葉はかなり肉厚でしっかり硬い葉。
日焼けすると茶色くなります。
これが胃袋のような形をした花。
写真のものは花茎部分30cmぐらい。

セネシオ
Senecio

キク科

特徴	グリーンネックレスが代表的な種類です。垂れ下がる種類や、上へと木立ちしていく種類まで、形も色もバリエーションがあります。葉の模様が面白い種類が多いです。花はタンポポみたいな変わった匂いのある花が咲きます。
性質	水を好みます。夏の蒸れは苦手なのですが、完全に根が乾くのがあまり好きではないので水を切らさずに蒸らさないようにしなくてはなりません。真夏の強光は日焼けをしてしまいますが、光が足りないと間延びしやすいのでご注意ください。
原生地	南西アフリカ

銀月【ぎんげつ】
Senecio haworthii
セネシオ ハオルシー

光不足注意 ★★
強光に注意 ★★★
蒸れに注意 ★★★

白い毛で覆われた葉と茎。
まるで蚕を思わせる不思議な種類です。
夏の蒸れが大の苦手なので要注意。
しっかりと通風して水を控えます。
身体が小さくなりますが、
秋から水をあげると徐々に回復してきます。
寄せ植えには不向きです。

紫蛮刀【しばんとう】
Senecio crassissimum
セネシオ クラッシッシム

寒さに注意 ★★★
光不足注意 ★★
成長の速度 ★★

紫色の蛮刀の形に似ていることから
この名前になったといわれています。
クラシハマタとも呼ばれています。
きれいな紫色に紅葉します。
冬の寒さに弱いです。ご注意を。

グリーンネックレス
Senecio rowleyanus
セネシオ ロウレアナス

緑の鈴などの別名もあります。
蔓に丸っこい葉を連ねてつける姿が
とてもかわいく、昔から人気の高い種。
寄せ植えに入れると動きが出ます。
断水をしてしまうと枯れてしますので、
通年蒸れに気をつけて水をあげます。
風通しのよい場所に置き、断水せずに、
涼しい夜を見つけて水をあげます。

蒸れに注意 ★★★
強光に注意 ★★★
成長の速度 ★★★

棘

サボテンではないのに棘をもつ多肉植物。
この棘は花梗枝が変化したり、表皮が突起して変形したものです。

ユーフォルビア
Euphorbia
トウダイクサ科

特徴　たくさんの種類が含まれています。共通しているのはきれいな緑色の身体。棘がありますがこちらは棘座(しざ)をもたないのでサボテン科ではありません。個性的な形からコレクターが多い種類。触るとボンドのような液体が出ます。これは動物の食害から身を守るためといわれています。

性質　水を完全に切ると成長をすっかり止めてしまい、成長を始めるまでに時間がかかります。通年、水をあげましょう。冬の寒さが苦手なので、室内で保温を。夏は蒸れて腐ってしまわないよう、しっかり通風を。

原生地　アフリカ、マダガスカル

ホリダ
Euphorbia horrida
ユーフォルビア ホリダ

きれいなシルバーがかった肌です。
下が木質化して木のようになります。
よく子吹きして群生します。
表面には模様があり、大きくなった稜の
縁はひらひらとした形になります。

蒸れに注意 ★★
寒さに注意 ★★
成長の速度 ★★

蒸れに注意 ★★
寒さに注意 ★★★
成長の速度 ★

怪魔玉【かいまぎょく】

Euphorbia bupleurifolia cv.'KAIMAGYOKU'
ユーフォルビア ブプレウリフォリア カイマギョク

鉄甲丸と峨眉山の交配種。
パイナップルのような姿がかわいらしい。
常に上の部分にしか葉をつけません。
大きくなると上のほうに子供を出し群生していきます。

紅彩閣【こうさいかく】

蒸れに注意 ★★
寒さに注意 ★★★
成長の速度 ★

Euphorbia enopla
ユーフォルビア エノプラ

きれいな赤い棘と緑色の身体の
コントラストが美しい！
水を切らすと棘が黒くなってしまい
成長を止めてしまいます。
適度な水をあげて棘を瑞々しく
きれいな状態を保ちましょう。
寄せ植えでは必ず主役になれる存在感。

鉄甲丸【てっこうまる】

Euphorbia bupleurifolia
ユーフォルビア ブプレウリフォリア

岩のような大きく水を貯めた
タンクの上の部分にだけ
パイナップルのように葉をつけます。
葉は薄く、成長期にだけつけ、
冬は葉を落とします。

蒸れに注意 ★★★
寒さに注意 ★★★
成長の速度 ★

彩雲閣【さいうんかく】

Euphorbia trigona
ユーフォルビア トリゴナ

インテリアサボテンとして
メジャーな種類ですが、
やはり立ち姿はキャラクターがあって
印象的です。
しっかりと日光に当てないと
細く間延びして育つ。

光不足注意 ★★
蒸れに注意 ★★
寒さに注意 ★★

白樺キリン【しらかばきりん】

Euphorbia mammillaris cv. 'Variegata'
ユーフォルビア マミラリス バリエガータ

白い爬虫類を思わせるような不思議な種類。
成長期にはピンク色の葉をつけます。
水を控え過ぎると大きくならないので
成長期には適度な水を与えます。
大きくなると上のほうで群生します。

蒸れに注意 ★★
寒さに注意 ★★
成長の速度 ★★

フェロックス

Euphorbia ferox
ユーフォルビア フェロックス

蒸れに注意 ★★
寒さに注意 ★★
成長の速度 ★★

紫色の棘が美しい小型種。
小さいうちから子吹きして群生します。
下のほうが木質化しやすい。
ユーフォルビアやハオルシアなど、
性質が近く緑色のきれいな種類と寄せ植えすると
棘色がきれいに映えます。

大正キリン【たいしょうきりん】

Euphorbia echinus
ユーフォルビア エキナス

大正時代に日本に渡ってきたので
この名前がついたそうです。
縁がシルバーになる渋い種類。
柱サボテンのように上へと伸びていきます
茎の下の部分が木質化しやすいですが
成長の過程なのでご安心を。

蒸れに注意 ★★
寒さに注意 ★★
成長の速度 ★

オレンジ棘紅彩閣
【おれんじとげこうさいかく】

Euphorbia enopla ver.
ユーフォルビア エノプラ

紅彩閣は棘のタイプがたくさんあります。
その中のオレンジ色の棘タイプ。
棘が美しいオレンジ色で、
本来のものよりも太い棘が出ます。
寒さに弱いので冬は室内で管理。

蒸れに注意 ★★
寒さに注意 ★★
成長の速度 ★

パキポジウム
Pachypodium

キョウチクトウ科

特徴　茎は棘をまとったシルバーで、まるで鬼の金棒みたいです。しっかりと水を含んだ茎が特徴的。冬は落葉して茎だけになりますが、春には花が咲き、葉が茂ります。

性質　寒さに弱く、冬は落葉します。冬はしっかりと断水をして、なるべく温かい場所で休ませます。温かくなると自然に花や葉を出します。水やりを開始します。

原生地　アフリカ、マダガスカル

ロスラーツム
【ろすらーつむ】

Pachypodium rosulatum
パキポジウム ロスラーツム

葉は淡いグリーンで産毛があります。
きれいな黄色の花をつけます。
茎に棘をもち成長期にだけ葉をつけます。
寒さには弱いので冬は室内で育てます。
成長はゆっくりですが、
虫もつかず育てやすい種類です。
写真は新しい葉が出たばかり。
夏にはもっと大きな葉になります。

寒さに注意 ★★★
光不足注意 ★
成長の速度 ★★

PART 2

個性的なサボテンたち

サボテンも多肉植物です。
アストロフィツム属、マミラリア属などなどいろいろな属がありますが、
「サボテン科」に属し、一般的に「サボテン」と呼んでいます。
サボテン科の共通点は棘が生える部分の「棘座(しざ)」があること。
中には進化をして棘を無くした種類もありますが。
この章でも、「愛嬌」のある姿や、珍しい「肌」の模様など、
こんな観点で見てほしいというところからご紹介していきますので、
楽しんでご覧いただけたらと思います。

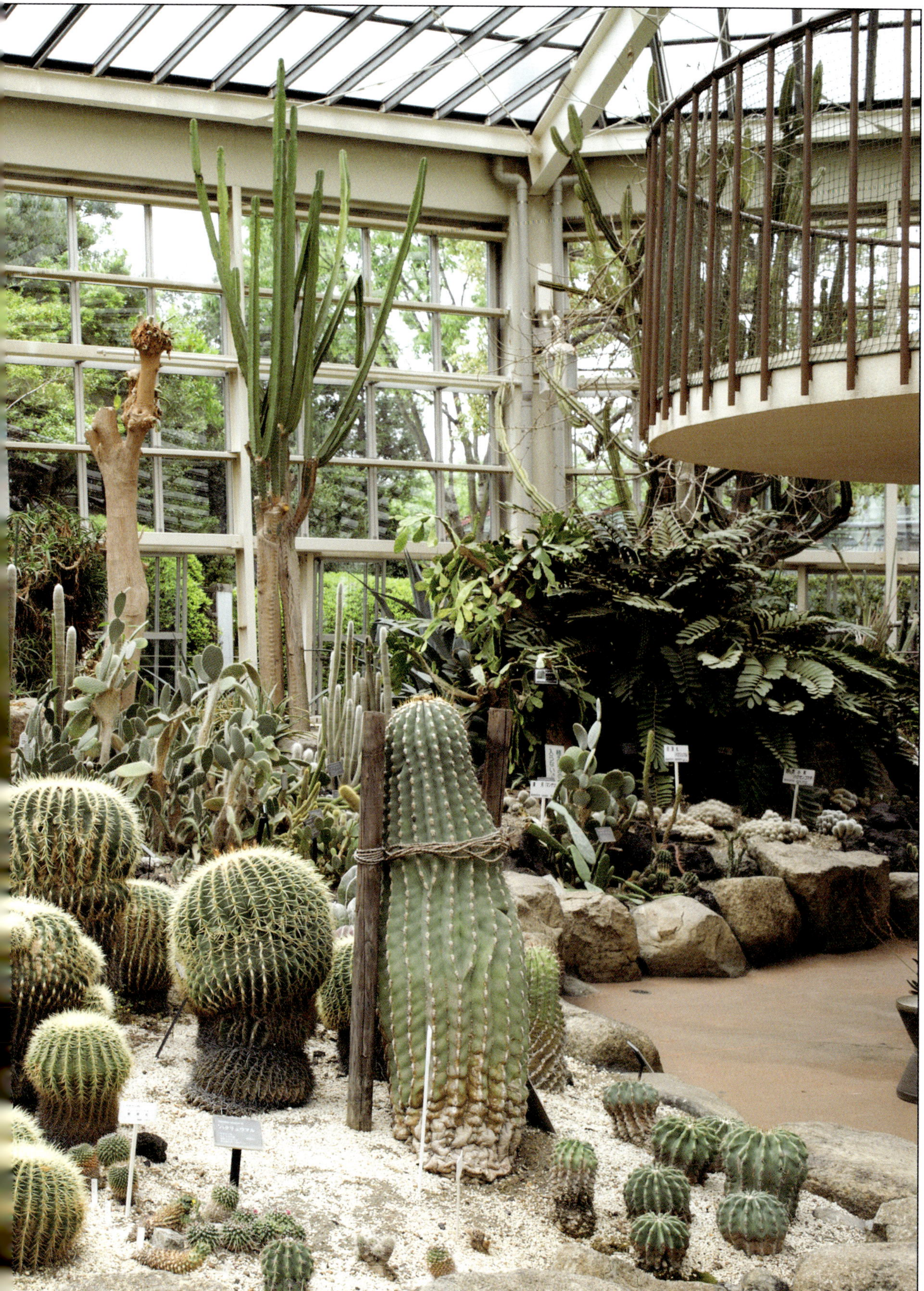

↑大きくなるとこんな姿に！このサイズを見られるのは植物園ならではです。

↑こんなひょうきんな表情も見かけました。

撮影協力：川口市グリーンセンター　埼玉県川口市新井宿700
TEL：048-281-2319　http://greencenter.1110city.com/

植物園で大きなサボテンを観察

お近くの植物園へ足を延ばしてみましょう。
温室内の珍しい多肉植物やサボテンを観察できます。

← マミラリアの群生。立派に群生した現地を思わせます。

← リラシナの品種名の看板がとてもかわいらしい。

↓ 20〜30年ほどの年齢かと思われる金鯱(きんしゃち)。力強い棘です。

| 名前 | 多肉植物はその名前の面白さにも注目してほしい。姿形から見立ての心で生まれた面白い和名がついています。

| エピテランサ |
| *Epithelantha* |
| サボテン科 |

特徴　白い短い棘で全身が覆われていて、先端に向けてぷっくりと太った姿がかわいい種。小型種で、そんなに大きくならず、成長もとてもゆっくり。大きくなってくると先端の中心部分からフワフワと毛を出し、そこに小さな光沢のあるピンク色の花をつける。子吹きする種類も多く、いくつも頭のある姿は不思議でかわいらしい。まるで胞子のような雰囲気です。

性質　成長はとても遅いです。夏の蒸れにさえ気をつければ、簡単に育てられます。夏は風通しのよい場所で水を控えてください。水は根元にあげます。花座に水をかけないようにすると、毛がフワフワになってよりかわいくなります。

原生地　メキシコ

小人の帽子【こびとのぼうし】
Epithelantha bokei
エピテランサ ボケイ

成長が特に遅く、
蒸れにも特に弱いですが、
かわいさは抜群！ 子吹きはしません。
子吹きさせるには胴切などをして、
成長点をとめて群生させます。
体一面に貼ったように生えた棘が見所。

蒸れに注意 ★★★
光不足注意 ★★★
成長の速度 ★

月世界【つきせかい】

Epithelantha micromeris
エピテランサ ミクロメリス

蒸れに注意 ★★★
光不足注意 ★★★
成長の速度 ★

よく子吹きして、
子供をいくつもつけた姿は圧巻です。
群生株になるには時間を要しますが、
しっかりと光に当てて育てあげます。
性質の似たサボテンと寄せ植えします。
真っ白な棘が、他のサボテンをより美しく
引き立て、インパクトある寄せ植えに。

> ### 愛嬌
> キャラクターを思わせる愛嬌たっぷりの容姿。
> 今にもしゃべり出しそうな、何ともかわいらしい形です。

ロフォフォラ
Lophophora

サボテン科

翠冠玉【すいかんぎょく】
Lophophora diffusa
ロフォフォラ ディフューサ

ふっくらとお饅頭のように
大きく膨らみます。烏羽玉に比べて
よく太り柔らかい肌をもちます。
肌は淡い緑色。中心部分の毛が多くなり
花座がフワフワしてきたら花が咲きます。
通風に気をつけないと
腐ることもあるので注意。

蒸れに注意 ★★★
光不足注意 ★★
成長の速度 ★

特徴	棘のないお饅頭のような容姿がかわいらしい。棘の代わりに、毛がたくさんついていて何とも愛嬌のあるサボテン。中心部分の毛は花座といって花が咲く台です。毛をかき分けて小さな花を咲かせます。薄い色のマットな肌は、原産地の乾いた空気を思わせます。
性質	成長がとにかくゆっくりですので、生きているのか心配になるくらいです。じっくり育てます。とても丈夫ですが、きれいに育てるのはやや難しいです。ふっくらとした丸さをキープするには高温で少し湿度を加えてあげます。それとは裏腹に、しっかり通風もしないと夏は腐りますのでご注意を。毛に水をかけないように気をつければ、フワフワになります。
原生地	メキシコ

翠冠玉【すいかんぎょく】
Lophophora diffusa
ロフォフォラ ディフューサ

蒸れに注意 ★★★
光不足注意 ★★
成長の速度 ★

同じ種類でもいろいろと
バリエーションがあります。
かなり大きく成長し、肌がより緑色で
いぼの毛が大量に出ている状態です。
水を毛にかけないようにすれば、
もっと毛が美しく育ちます。

烏羽玉【うばだま】
Lophophora williamsii
ロフォフォラ ウィリアムジー

身体はあまり太らず、薄べったく育ちます。
青磁色の肌で白い粉で覆われています。
強いですが、成長はとにかくゆっくり。
古株になると群生してきます。
花はピンク色。よく子吹きするタイプを
子吹き烏羽玉と呼びます。

蒸れに注意 ★★★
光不足注意 ★
成長の速度 ★

エスポストア
Espostoa

サボテン科

特徴　白い毛をまとった柱サボテンです。種類で毛の生え方が違いますが、共通点はモシャモシャです。この毛はなぜ生えているかといいますと、ペルーの山に自生しているからなんです。冬の寒さの防寒に、そして夏は強い日差しから身を守るために遮光の役割を。愛嬌のある姿からは想像できない、計算された進化した植物です。

性質　比較的強い種類ですが、水を完全に切ってしまうと枯れやすいです。水を通年しっかりとあげます。夏は蒸れに弱いので通風を十分に。

原生地　ペルー

幻楽【げんらく】
Espostoa melanostele
エスポストア メラノステレ

上へと成長して柱サボテンになります。
長い毛が身体を守るようにきれいに巻きつきます。
毛の中にはしっかりと長い棘があります。
白色が他の植物の色をより引き立て、寄せ植えにはおすすめです。

蒸れに注意 ★★★
光不足注意 ★
成長の速度 ★

エキノフォスロカクタス
Echinofossulocactus

サボテン科

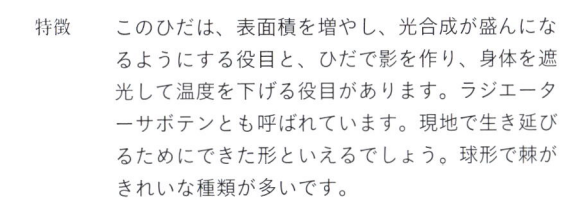

特徴　このひだは、表面積を増やし、光合成が盛んになるようにする役目と、ひだで影を作り、身体を遮光して温度を下げる役目があります。ラジエーターサボテンとも呼ばれています。現地で生き延びるためにできた形といえるでしょう。球形で棘がきれいな種類が多いです。

性質　とても強く育てやすいです。光によく当てて、水を通年あげると棘も形もきれいに育ちます。日焼けしやすいので夏場は強い光で管理するならば水をしっかりあげます。

原生地　メキシコ

多稜玉【たりょうぎょく】
Echinofossulocactus multicostatus
エキノフォスロカクタス ムルチコスタータス

濃い緑色と赤いきれいな棘の
コントラストが美しい。
紫色のストライプの花を春に咲かせます。
稜が大きくウェーブした表面が面白く
棘は爪のように平べったい強棘類。
寄せ植えではサボテンを組み合わせましょう。

蒸れに注意 ★
強光に注意 ★
成長の速度 ★

千波万波【せんさばんば】
Echinofossulocactus multicostatus f.elegans
エキノフォスロカクタス ムルチコスタータス エレガンス

稜が多く、細やか。鮮やかなグリーンの肌に
黄色の棘が明るく美しい。
寄せ植えをするならば、白棘ではなく、
身体が緑色のサボテンと合わせるとまとまります。

蒸れに注意 ★
強光に注意 ★
成長の速度 ★

肌

美しい色や形はもちろんですが、それに加えて注目したいのがこの模様。爬虫類を思わせる質感の肌です。斑入り模様のサボテンもいます。

アストロフィツム
Astrophytum

サボテン科

特徴 肌の斑点がまるで星空のようなことから有星類と呼ばれていて、名前がつけられました。形も星のような形のものが多いです。棘はなく、サボテンの中でもかなり進化した種類といわれています。大きな黄色の花が中心部分に咲きます。花が咲いた跡が身体の模様となっているところも魅力。

性質 成長はかなりゆっくりですが、性質は強く育てやすいです。夏は強光を避け、少し遮光気味で管理します。夏の蒸れに注意して、風通しをよくします。

原生地 メキシコ

四角ランポー玉【しかくらんぽーぎょく】
Astrophytum myriostigma var.quadricostatum
アストロフィツム ミリオスティグマ クアドリコスタータム

ランポー玉の中でも、稜が4つのものです。
3稜のものは三角ランポー玉と呼ばれています。
普通は5稜なので、昔は珍重され高価なものでしたが、最近では盛んに殖やされ、手に入りやすくなりました。
個性的なので、これひとつで観賞してほしいです。

蒸れに注意 ★★★
強光に注意 ★★★
成長の速度 ★

ランポー玉【らんぽーぎょく】

Astrophytum myriostigma
アストロフィツム ミリオスティグマ

肌が星で埋め尽くされて真っ白なぐらいです。
白い肌が不思議な種類。
大きくなると柱状に上へと成長を始めます。
黄色くて大きな花を初夏に咲かせます。
この属の中では一番早く
日本に渡ってきたといわれています。

蒸れに注意 ★★★
強光に注意 ★★★
成長の速度 ★

ノトカクタス
Notocactus

サボテン科

特徴　きれいな大きな黄色の花を咲かせます。花が大きければ、当然蕾（つぼみ）も大きいです。花もきれいですが、蕾が膨らんでいく姿はとても魅力的です。棘色にはバリエーションがありますが、きれいな大きな球体は代表的なサボテンの姿そのもので人気があります。

性質　とても強く育てやすいです。よく日に当ててあげれば、毎年きれいな花を咲かせて楽しませてくれます。花が終わった後に、お礼肥えをするとより来年の花つきがよくなります。

原生地　ブラジル

蒸れに注意 ★
光不足注意 ★★
成長の速度 ★

獅子王丸【ししおうまる】
Notocactus mammulosus var.
ノトカクタス マムローサス

変種です。中心部分がちょっとくぼんでいて、平べったい形が面白く、きれいな黄色の花が咲いた姿にはほれぼれします。
球体にかなり大きく育ち花も大きいので寄せ植えでは主役にできます。
性質が強いので寄せ植えして楽しめます。

紅小町【べにこまち】
Notocactus scopa
ノトカクタス スコパ

蒸れに注意 ★
光不足注意 ★★
成長の速度 ★

きれいな丸い形に白いフワフワの毛が生え揃った姿。
見れば見るほど美しくかわいいです。
小町の赤い棘のタイプが紅小町。
より白く毛が目立つタイプを白閃（はくせん）小町といいます。
棘が螺旋状に生えるタイプもあります。
大きな球体になった後は円筒形に育ちます。
成長はやや早く子吹きせず単体で大きくなります。

テロカクタス
Thelocactus

サボテン科

特徴　棘がとても強い強棘タイプのサボテンです。棘もさることながら、花も大きく美しい種。棘の色や形もバリエーションがあり大きな属です。子吹きはしないため、球体から大きくなると立ち上がり、柱になっていきます。

性質　強い光によく当てて育てるときれいな棘が出てきます。あまり乾燥させてしまうと棘の色みが薄くなってしまうので、水は切らさないほうがいいです。でも夏の蒸れは苦手ですからしっかりと通風して夏は休ませます。

原生地　アメリカ、メキシコ

太白丸【たいはくまる】
Thelocactus macdowellii
テロカクタス マクドウェリー

蒸れに注意 ★
光不足注意 ★★
成長の速度 ★

白いきれいな長い棘が美しい。
ピンク色の花も美しい。
白い針状の長い直棘と、短い棘が
バランスよく球体に生え揃った姿が見所。
小苗の時には長い棘はなく、短い棘のみ。
自家受粉が可能です。

紅鷹【べにたか】
Thelocactus heterochromus
テロカクタス ヘテロクロムス

蒸れに注意 ★
光不足注意 ★★
成長の速度 ★

白から赤のグラデーションがある棘が
美しく魅力的。
その棘の様から「多色玉」とも呼ばれます。
花がとても大きく、開花した際には
身体が隠れてしまうほど。
2～3日と花もちが悪いのは残念。

ギムノカリキウム
Gymnocalycium

サボテン科

特徴　渋い種類が多いですが、丸い薄べったい形が美しく、肌が爬虫類を思わせるような瑞々しい質感、模様になる種類が多い。きれいな八重咲きの大きな花も魅力の1つ。白から濃いピンク色まで花色は様々。

性質　比較的弱い光でも育つので、育てやすくて人気があります。水をあまり切らさずに、風通しをよくして、通年、水をしっかりとあげると肌がみずみずしくきれいに育ちます。成長を止めて肌に艶がなくなったら、水をたっぷりとあげて様子を見ましょう。

原生地　南アフリカ、南アメリカ

緋牡丹錦【ひぼたんにしき】

蒸れに注意 ★
光不足注意 ★★
成長の速度 ★★

Gymnocalycium mihanovichii var. friedrichii cv.' HibotanNishiki'

ギムノカリキウム ミハノビッチ フリードリッヒ ヒボタンニシキ

牡丹玉の斑入りです。赤い部分は突然変異で色素が抜けた部分。この色みのバリエーションが豊富でコレクターも多いです。水をしっかりとあげると肌が爬虫類のようにみずみずしく美しくなります。花も美しいので楽しめる種。

緋花玉【ひかだま】

Gymnocalycium baldianum
ギムノカリキウム バルディアナム

蒸れに注意 ★
光不足注意 ★★
成長の速度 ★★

深い緑色の肌が美しく、
棘が身体に沿うように生えているところも美しい。
きれいな濃い赤の花を咲かせます。
花の色が名前の由来です。
水が足りないと瑞々しさを失い
ぺちゃんこになるので通年水やりを。
性質はとても強く育てやすい。

緋花玉セッカ【ひかだませっか】

Gymnocalycium baldianum f.monst
ギムノカリキウム バルディアナム モンスト

蒸れに注意 ★
光不足注意 ★★
成長の速度 ★★

緋花玉のセッカしたタイプ。セッカした中心部分は、
まるで人間の歯のような姿でとっても面白い。
希少価値があるので高価。
鮮やかな花色の花は咲きやすく、いくつも咲きます。
くぼんだ部分に水がたまらないように根元に水をあげます。

カマエケレウス
Chamaecereus

サボテン科

特徴　1属1種で白檀だけの属です。花がきれいなので白檀を中心に交配された交配種もあります。きれいなオレンジの花がいくつも咲き、下に垂れ下がってひものように成長していきます。

性質　寒さ、暑さに強く、一年中、外で育てられます。虫がつきやすいので注意。水が足りないと身体がシワシワになります。それぐらいの状態で冬は寒さに当てて育てると春の花つきがよくなります。

原生地　アルゼンチン

白檀【びゃくだん】
Chamaecereus silvestrii
カマエケレウス シルベストリー

蒸れに注意 ★★★
光不足注意 ★★
成長の速度 ★★

棘が短くてニョロニョロした姿です。
茎の太さは1cmほどにしかならず、
いくつも子供を出して群生していきます。
ひも状になりほふくし、鉢からあふれると
垂れ下がって育っていきます。
きれいなオレンジ色の花をいくつも咲かせます。
繁殖が旺盛で寄せ植えには向いていません。

金晃丸【キンコウマル】
Eriocactus leninghausii
エリオカクタス レニンハウシー

蒸れに注意 ★
光不足注意 ★★
成長の速度 ★★

きれいな黄金色の棘が人気の代表的な品種。
細い棘が下向きに伸びます。
子苗のときには丸く球体に育ち、
大きくなってくると円柱形に育ちます。
古株になると下の部分から子供が出て群生を始めます。
下のほうは木質化しやすいです。

エリオカクタス
Eriocactus

サボテン科

特徴　小さなときは球体で、ある程度大きくなったら柱状に成長をしていきます。柱に成長する前に子吹きを始め群生するタイプもあります。大きくならないと花が咲きません。

性質　強いです。しっかりと日光に当ててあげないと、間延びしてしまいます。成長していくと柱になるため、下のほうが木のように茶色く、枯れこんできます（木質化）。

原生地　ブラジル

エキノセレウス
Echinocereus

サボテン科

特徴　花が身体を隠すほど大きく美しい種類が多く、花サボテンとして人気が高いです。花の華やかさにくらべ、形は地味なサボテンが多いです。たくさんの種類があり、花色、種類が豊富です。

性質　とても強い種類ですが、日光と水をしっかりと与えないと、花が咲きません。冬の日光の量が花つきをよくするポイントなので、冬でもしっかりと日に当てて春の花を楽しみましょう。

原生地　メキシコ

美花角【びかかく】
Echinocereus pentalophus
エキノセレウス ペンタロフス

蒸れに注意 ★★
光不足注意 ★★
成長の速度 ★★

とにかく花が大きくて美しい。
いかに花をよく咲かせて楽しめるかという種類。
枝が細く、ほふくして育っていきます。
花が咲いた後は水分を欲しがるので
水を多めにあげます。
育てやすく初心者におすすめです。

紫太陽【むらさきたいよう】
Echinocereus rogidissimus
エキノセレウス ロジディシムス

蒸れに注意 ★★★
光不足注意 ★★
成長の速度 ★

巻きタイプのきれいな紫色の棘が楽しめます。
太陽の中でも棘が特に紫色のものを紫太陽と呼びます。
花は大きく、身体を隠してしまうほど。
成長はゆっくりなので、じっくり育てます。

オプンチア
Opuntia

サボテン科

特徴　扇形の節を連ねて成長していく変わった種類。日本に初めて渡来したともいわれていて、昔からなじみのある種類。ウチワサボテンとも呼ばれています。棘は小さいのですが、触れるとそのまま抜けるので注意が必要です。花は大きくならないと咲かないのですが、形の印象からバニーカクタスとも呼ばれ人気があります。

性質　とても性質は強くよく成長します。日光不足ですと、丸い形からいきなりヒョローッとまっすぐ徒長してしまいますのでしっかりと日に当てて育てます。水が足りないと倒れたりシワが寄りますので、そうしたら水をしっかりあげます。寒さ、暑さに強く育てやすいです。また、節を離してたくさん殖やせます。

原生地　メキシコ

墨烏帽子【すみえぼし】
Opuntia rubescens
オプンチア ルベスセンス

蒸れに注意 ★
光不足注意 ★★★
成長の速度 ★★

渋い色合いが美しい種類。
のべ〜っとした平たい長細い身体が
何とも愛嬌がある。
成長期は水を欲しがります。
また、しっかり日光に当てると、
先細りせずに育ちます。

象牙団扇【ぞうげうちわ】
Opuntia microdasys var.albispina
オプンチア ミクロダシス アルビスピナ

蒸れに注意 ★★
光不足注意 ★★★
成長の速度 ★★

白くフワフワの棘が美しい。
かわいさとは裏腹に棘は痛いのでご注意！
まるで兎やミッキーマウスのような容姿は
寄せ植えでシンボル的に使うと愛着のわく寄せ植えに
仕上がります。

エキノカクタス
Echinocactus

サボテン科

特徴　大きな球体になるサボテンの種類。サボテンといえば金鯱。メキシコの現地の風景の主役です。棘がとっても鋭くて美しい。花は30年ぐらい育て、大きな身体にならないと咲きません。咲いた年からは、毎年きれいな黄色の花をつけます。

性質　とても強く育てやすいです。よく日に当ててあげます。しっかりと日光に当てて、水を切らさないようにするときれいな棘が出てきます。

原生地　メキシコ

金鯱【きんしゃち】
Echinocactus grusonii
エキノカクタス グルソニー

蒸れに注意 ★
光不足注意 ★★
成長の速度 ★

子吹きせずに丸く球体に単体で成長します。
直径が35〜50cmにもなるほど！
中心部分に花座ができ、大きな株の花座は、
まるでフワフワの毛布のような状態になります。
花は黄色できれいですが、
身体の大きさに比べて小さいので
目立たないのが残念なところ。

武蔵野【むさしの】
Tephrocactus articulatus
テフロカクタス アルティクラータス

蒸れに注意 ★
光不足注意 ★★
成長の速度 ★

茎節が球形になっていて、
これが一年に1つずつくかつかないか、
というスピードで成長していきます。
節で取れやすく、折角大きくなったと思ったら、
ちょっとの接触で落ちてしまうので要注意です。
白い半透明の平たい棘がつきます。肌はシルバー。

テフロカクタス
Tephrocactus

サボテン科

特徴　進化の過程のサボテンで、オプンチアのように薄べったくなる前の段階の種類です。球体や卵形のサボテンを連ねていきます。動物が触れたときに子供を落とし、繁殖していくために子供がとても取れやすいです。成長はとっても遅く、じっくり育てます。

性質　とても強くて育てやすいです。成長が遅いので心配になりますが枯れることはそうないので大丈夫です。水が足りないとシワが寄ります。そうしたらしっかり水をあげましょう。

原生地　アルゼンチン

花

その姿からは想像できないほどの、美しい花を咲かせて驚かされます。
花が開いたときには、いつもありがとうと言われているみたいで愛らしいです。

ブラジリカクタス
Brasilicactus

サボテン科

特徴 この属にはオレンジ色の花の雪晃と緑色の花の黄雪晃しかありません。花が大きくきれいで1つの花の寿命も他に比べて断然長いので十分楽しめます。いくつも花をつけるのもうれしいところです。

性質 比較的強い種類ですが、夏の蒸れが苦手です。夏場は水を控えて風通しのよい場所で管理します。光が好きなので、室内だと間延びしてしまい、花のつきも悪くなります。通年、よく日に当てて育てます。ワタムシがつきやすいので要注意です。

原生地 ブラジル

雪晃【せっこう】
Brasilicactus haselbergii
ブラジリカクタス ハセルベルギー

真っ白の柔らかい棘をまとった
平べったい丸いサボテンに、
鮮やかなオレンジ色の花をいくつも咲かせます。
毎年きれいな花を咲かせるので寄せ植えで重宝します。
平べったく大きくなり、群生しません。十分に日光浴を。

蒸れに注意 ★★★
光不足注意 ★★
成長の速度 ★★

スルコレブチア	
Sulcorebutia	
サボテン科	

特徴　花が大きく多数咲くのが魅力。花色は様々で赤から黄色まで、バリエーションがあります。小型種が多く、よく子吹きして、群生して大きくなります。

性質　成長期には水をとても欲しがります。水をあげるのと同時に光にもよく当ててしっかりと成長させます。

原生地　南アメリカ

カンディアエ
Sulcorebutia candiae
スルコレブチア カンディアエ

長いシルバーの棘が
身体に沿って密集しています。
花つきがよく、花の咲く時期には、
オレンジ色の花をいくつも咲かせます。
ある程度大きくなると、
子供を出し群生していきます。
群生するので、スペースを考えて
寄せ植えします。

蒸れに注意 ★★
光不足注意 ★★
成長の速度 ★★

68

棘座(しざ)

サボテン科の植物がもつ棘が生える部分を、棘座(しざ)といいます。
その部分は雪が積もったように
フワフワの毛で覆われています。

マミラリア
Mammillaria

サボテン科

特徴 小型種から大型種までたくさんの種類が含まれた大きな属です。棘座(しざ)が疣状(いぼ)なことからいぼサボテンとも呼ばれています。小さい花を王冠のようにいくつも咲かせ毎年楽しませてくれます。小型でも咲きますので小さなサイズのサボテンに花がつく姿は大人気!

性質 成長はサボテンの中では早いほうです。丸い球形のサボテンなので、間延びに注意です。成長期に日光不足になると形が崩れます。年間を通して光によく当ててあげると花つきもよくなりますし、形もきれいに育ちます。夏の蒸れが少し苦手なので、しっかりと通風をして夏を乗り切ります。冬の寒さには比較的強いです。

原生地 メキシコ

赤棘黄金司【あかとげこがねつかさ】
Mammilaria elongata var.albispina
マミラリア エロンガータ アルビスピナ

蒸れに注意 ★★★
光不足注意 ★★★
成長の速度 ★★

親指サイズの細い円筒形に育ちよく群生していきます。
黄金色の棘が美しく、似た種類に、金毛丸、黄金丸、夕霧などがあります。
上のほうにだけ、薄い黄色のかわいい小花を咲かせます。
とても育てやすく、棘色の違う似た種類を寄せ植えしても美しい。

鶴の子丸【つるのこまる】

Mammillaria martinezii
マミラリア マルチネジー

蒸れに注意 ★★★
光不足注意 ★★★
成長の速度 ★★

丸っこくてかわいい短い白棘のタイプ。
冬には濃いピンクの花を咲かせます。
花は小さいけれど花つきはいいです。
丸く立ち上がって育ちます。

恋山彦【こいやまひこ】

Mammillaria brauneana
マミラリア ブラウネアナ

蒸れに注意 ★★★
光不足注意 ★★★
成長の速度 ★

薄べったく丸く育ちます。
短い黒い棘が生えそろい、白い毛が多く美しい。
花はストライプの濃いピンク色の大きな花が咲きます。
成長はゆっくりですが、強くて育てやすいです。

アッセンシオニス

Mammillaria glassii var. ascensionis
マミラリア グラッシー アッセンシオニス

蒸れに注意 ★★★
光不足注意 ★★★
成長の速度 ★★

白いフワフワの毛と、冬に咲く、
光沢のある薄い花びらが美しい種。
八重咲きなのも豪華です。
棘は巻き棘なのでご注意を。
よく群生します。

白鳥【はくちょう】

Mammillaria herrerae
マミラリア ハルレラエ

蒸れに注意 ★★★
光不足注意 ★★★
成長の速度 ★

きれいに生え揃った巻き棘です。
花が大きく、棘の間から出てくる
蕾の姿にもびっくりです。
濃いピンク色の花をつけます。
夏の蒸れに弱いので風通しをよく。

玉翁【たまおきな】
Mammillaria hahniana
マミラリア ハーニアナ

蒸れに注意 ★★★
光不足注意 ★★★
成長の速度 ★★

フワフワの長い毛と、短い白棘、
そして王冠のように花をつける姿には思わず笑みが。
大きくなると毛がより長く多く出て全身を覆います。
白い棘に水がかからないように注意して。

ピコ
Mammillaria spinosissima cv.'Pico'
マミラリア スピノシッシマ ピコ

蒸れに注意 ★★★
光不足注意 ★★★
成長の速度 ★★

きれいに長く伸びた真っ白な棘と
深緑色の身体のコントラストが美しい。
交配種なので、性質が強く育てやすい。
子吹きせず、単体で
大きな球体に成長します。

月影丸【つきかげまる】
Mammillaria zeilmanniana
マミラリア ゼイルマンニアナ

とにかく花が咲きやすい!!
小さなサイズのときからきれいな濃い花を
咲かせて楽しませてくれます。
かぎ棘に注意。成長が早いので
寄せ植えに使うときには少し間隔を空けて。

蒸れに注意 ★★★
光不足注意 ★★★
成長の速度 ★★

高砂【たかさご】
Mammillaria bocassana 'roseiflora'
マミラリア ボカサナ ソゼイフローラ

渋いベージュピンクの花の色が
何ともおしゃれです。棘の雰囲気も
花の渋さに合わせてシックで素敵です。
かぎ棘なのでご注意を。
ある程度大きくなると群生してきます。
蒸れやすいので風通しよく。

蒸れに注意 ★★★
光不足注意 ★★★
成長の速度 ★★

姫春星【ひめはるぼし】
Mammillaria humboldtii var.caespitosa
マミラリア ハムボルディー カエスピトーサ

蒸れに注意 ★★★
光不足注意 ★★★
成長の速度 ★

成長はゆっくりで、1つひとつの球体は小さいが、
大きく成長すると見事な群生株に成長します。
小さい身体の割には大きな花も魅力。
濃いピンクの花をいくつもつけます。
真っ白の繊細な棘をもつ小型種。

金洋丸【きんようまる】
Mammillaria marksiana
マミラリア マルクシアナ

蒸れに注意 ★★★
光不足注意 ★★★
成長の速度 ★★

マミラリア属といえば
白い棘にピンクの花のイメージが多い中、
黄色の棘でクリーム色の花を咲かせます。
でもとっても人気がある種類。
疣の間に白い毛をたくさんつけ、
きれいな黄色の花を咲かせます。

満月【まんげつ】

Mammillaria candida car.rosea
マミラリア キャンディーダ ロゼア

名前のとおりの姿で人気があります。
真ん丸の姿は本当にまるで満月のようです。
中心部分の棘が特に濃いピンク色のものは
桜月と呼ばれています。
子吹きせず単体で大きく成長するのが一般的。
稀に自然に子吹きすることもあります。
白にピンクの筋が入った美しい花が咲きます。

蒸れに注意 ★★★
光不足注意 ★★★
成長の速度 ★

金手毬セッカ【きんてまりせっか】

Mammillaria elongata f.monst
マミラリア エロンガータ モンスト

金手毬のセッカです。
四方八方へ成長した姿は植物というか、
動物的な動きで面白い。
ほふくして、広がっていきます。

蒸れに注意 ★★★
光不足注意 ★★★
成長の速度 ★★

森林性

木に着生して垂れ下がっていく姿は森林性の植物だからこそです。着生するために茎のあらゆる所から細根を出します。

リプサリス
Rhipsalis

サボテン科

特徴 サボテン科とは分かりづらい森林性の着生種です。現地では木などに着生しています。葦サボテンとも呼ばれていて紐のように垂れ下がっていく種類。いろいろな葉のタイプがあります。葉が平べったいものや、茎のようになっているもの、様々です。空中湿度が好きですので霧吹きなども喜びます。

性質 比較的強いです。成長は早く、茎を連ねて殖えていきます。柔らかい光でも育てられるので室内の窓辺などで大丈夫です。花も咲きやすく、茎の先端部分に花をつけます。水を好みますので、しっかり水やりを。夏は蒸れるので水を控えめに。

原生地 ブラジル

青柳【あおやぎ】

蒸れに注意 ★★
成長の速度 ★★

Rhipsalis cereuscula
リプサリス　セレウスクーラ

節茎が小さくいくつも細かく連なっていきます。
成長期には新しい茎がぐーんと伸び、その先で花火のように子供を出します。
そしてその重みで垂れ下がっていき、どんどん群生していきます。
透明感のある花が咲き、終わると自家受粉をして丸い種をつけます。

PART 3 多肉植物の寄せ植えを楽しむ

◎ミニチュアな世界

アルミのスタイリッシュなシルバー色に合わせて
白いサボテンの「幻楽」を中心に寄せ植えしました。
赤やピンクのタニクの色を、より美しく引き立てます。

◎昔のデザインにうっとり

小さな身体にピンクの花を咲かせた「高砂」が
草原に生えている風景。そんな自然な仕上がりになるように
タイプの違うタニクを一緒に植えました。

茶色のフワフワとした「ファング」と、白い柱サボテン「幻楽」。
茶色と白と黄色の色のバランスと、
高低差のバランスを見て寄せ植えを仕上げます。

◎長方形でサボテン

◎虫眼鏡で植物観察

虫眼鏡で見ると
いつもと違った世界が見えます。
フミリスの模様を拡大して見ましょう。

一番大きな丸いサボテンは「満月」、その次は「恋山彦」。
そしてアクセントのフミリスを配置してから、
白い棘が美しい「幻楽」や「紅小町」の、サイズや色合いを見ながら、
バランスを見て仕上げていきます。

◎まーるくサボテン

◎緑色のバリエーション

背が高くなる「彩雲閣」をメインに配置してから、色や形、今後の成長を想定しながら「オレンジ棘紅彩閣」や「青雲の舞」、「銀盃」などを配置して仕上げます。垂れ下がる種類の「レモータ」は手前に植えます。

リトープス、コノフィツム、フェネストラリアの3種の寄せ植え。
性質の近いもの同士だったら、寄せ植えしやすいです。
この植物群は日本では「メセン（女仙）」と呼ばれています。
すべすべした肌とさまざまな模様が女性的とされたようです。

◎メセンのお仲間

シンボルツリーに「グラウカ」を使い、白いサボテンや葉のぷっくりしたタニクなど大胆に寄せ植えして仕上げました。こちらは植え込んで1年たった状態です。しっかりと自分の場所を確保しながら育っていく姿が逞しくて美しい！

◎タニクの庭

◎白の世界

エビテランサの白さと形はマイベスト。
「月世界」だけで寄せ植えしています。
成長がゆっくりなので
小さな苗を小さな湯呑みに寄せ植え。
いつ花が咲くのか心待ちにしています。

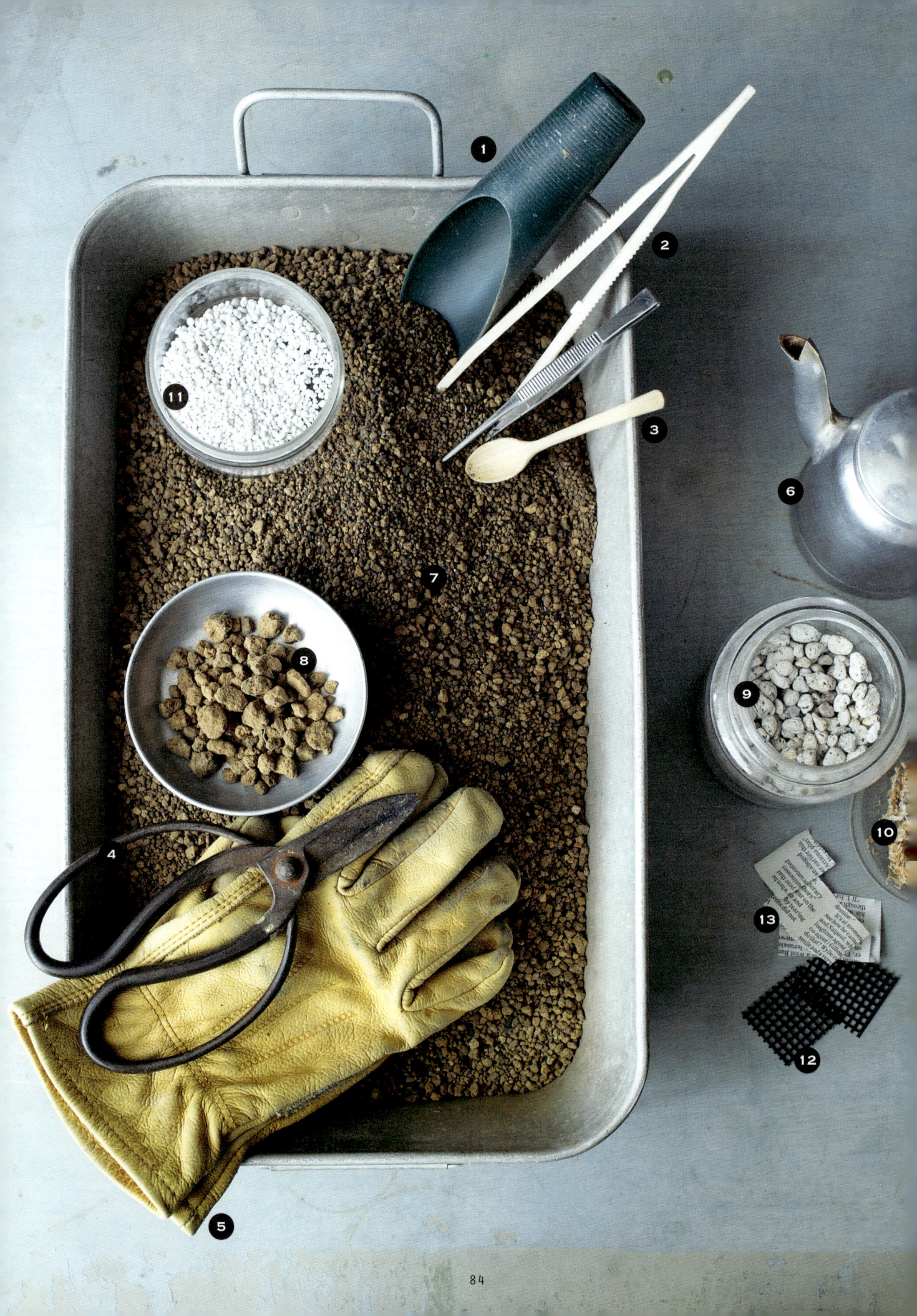
1
2
3
4
5
6
7
8
9
10
11
12
13

寄せ植えに使う道具と材料

多肉植物の寄せ植えは、それほど難しくないので、道具はこれだけで大丈夫です。
土には通気性と保水性のある土が適しています。

① 土入れ
植え込むときに土を入れる道具。小さいほうが小さな植え込みをするのに便利です。

② ピンセット大小
子苗を植えるときや、棘があるものを扱うとき、土をなじませるときに使用。これがないと何もできないというくらい必須の道具です。大きなピンセットは大きなサイズを扱うときに便利。

③ スプーン
小さなスペースに植え込むとき、土を入れるのにあると便利です。

④ ハサミ
苗をカットするときや、植え替えの際に根をカットしたりに使用します。

⑤ グローブ
革の手袋は棘の強い大きなサボテンを植え込むときにあると便利です。小さなサイズのサボテンでしたら、ピンセットで扱えば十分です。

⑥ ジョウロ
水やりのときに使用します。ジョウロでなくてもこんなポットでも代用できます。

⑦ 多肉植物用の土
多肉植物、サボテン育成用としてブレンドした土です。通気性・排水性・保水性に優れた赤玉土の小粒をベースに、砂やくん炭などを入れて配合してあります。

⑧ 赤玉中粒
大きな鉢を使用するときは、通気性と水はけを確保するために鉢底土として使用。根腐れ防止になります。また、ナチュラルな雰囲気を残したいときは、化粧土としても使えます。

⑨ 軽石（パミス）
多孔質火成岩の天然土壌改良材です。自然な風合いがきれいで化粧石として使用。保水性・排水性・保温性に優れていますので、本来は鉢底の土として使われています。

⑩ 水ゴケ
湿原に生えているコケ類を乾燥させたもの。通気性・保水性があり、小さな寄せ植えに土として使用します。

⑪ 肥料
化成肥料。もと肥料として底に少量入れます。サボテンには特に入れてあげたほうがよいです。多肉植物の場合は、多いと肥料焼けしてしまうので注意。より少量あげます。

⑫ 鉢底ネット
鉢底に穴があるタイプの鉢の穴をふさぐもの。

⑬ 新聞紙
鉢底ネットだけだと、植え替えた直後に土がぼろぼろと落ちるのでネットの上に入れます。時間がたつと溶けてなくなります。

寄せ植えの仕方

気に入った多肉植物が見つかったら、寄せ植えにチャレンジしてみませんか？
同じ属の仲間や、性質の似ているものを寄せ植えすると育てやすいです。

土で植え込む

多肉植物、サボテンの育成用の土を使います。
通気性・排水性・保水性に優れた赤玉ベースで配合した土が適しています。

① 器を用意します。

② 器の半分くらいまで土を入れます。

③ 植物を置いてみて全体の仕上がりをイメージします。

④ 端から1本ずつ植え込んでいきます。

⑤ 端から順に詰めていき、配置していきます。

⑥ 全て植えたら、全体に土を入れます。

⑦ トントン振動を与え、土をなじませます。

⑧ 完成。

水ゴケで植え込む

水ゴケは湿原に生えているコケ類を
乾燥したものです。
通気性・保水性があり、
小さな寄せ植えに
土として使用できます。

① 器に乾燥した水ゴケを入れ、水を入れて戻します。

② よくもんでおきます。

③ 器を用意します。

④ 小さな器で水ゴケを使う場合は、もと肥を少量入れます。

⑤ 大きな苗は水ゴケで根を包みます。

⑥ 器に入れます。

⑦ 水ゴケを詰めて位置を決めます。

⑧ 苗を1本ずつ詰めていきます。

⑨ 最後の1本を入れます。

⑩ 完成。

殖やし方

多肉植物をどんどん殖やす方法が2つあります。
葉ざしと挿し木です。

葉ざし

　葉の1枚から、子供が出る性質があるのをご存じでしょうか？多肉植物ならではの殖やし方。しっかりと肉厚な葉をもつので、こんなことが可能なんです。動物などが触れたときに葉を落とし、そこから繁殖するといった多肉植物特有の繁殖方法です。
　方法はとっても簡単です。現地の再現です。葉が取れたらそれを乾いた土の上に転がせておきます（そのときに、葉の表裏にお気をつけください。表を上にしたほうがきれいに子供が出ますよ）。
　根や芽が出てくるまで水をあげずに放置します。葉が痩せてきたり、芽や根が少しでも出てきたら水をあげ始めます。水を週に1度ぐらい、あまり乾かしすぎないようにあげます。
　元々の葉は子供に栄養を取られて、最終的にカラカラに枯れます。春と秋が適期です。大人と全く同じ形のミニチュアが出て成長する姿は、とても神秘的でかわいさ満点です。ぜひお試しください。
※葉ざしができる種類とできない種類があります。簡単に茎から葉が離れると葉ざし可能な種類です。

挿し木

　茎が伸びすぎてバランスが悪くなったものなどは剪定をします。その剪定した上の部分を土に挿すと、根が出て、成長を始めます。
　その現象を利用した繁殖法が挿し木です。切って乾いた土に挿し、水をあげずに待っていると土の中で発根をします。
　発根をすると挿した枝が痩せたり、シワがよってきたりしますので、そうしましたら水をあげ始めます。春、秋が適期です。
　発根までの時間は植物の種類によっても違いますし、置き場所や時期によって異なりますので、植物を観察しながら行ってください。
　切り口の表面が広い場合は、数日切り口を乾かしてから土に挿してください。

育て方の注意

水やり

毎日は絶対にいけません。水をあげずに土の中をしっかりと乾かし、水をあげるときにはしっかりと土の中が湿る程度あげます。メリハリが大事です。置き場所や土、植物の種類によって異なりますので、植物の張りを見てチェックします。多肉植物の体内は90％以上が水で、タンクのようなもの。その葉が痩せてきたら水をあげるよう、水が欲しいのかいらないのか、よく観察してください。

日光

多肉植物は光が大好きです。原産地の強光と同じような環境を作ってあげると、美しく育ちます。何よりも光に当ててあげます。

光が足りていない合図として、

1　葉と葉の感覚が開いてきて先細りになってきた。
2　葉の大きさがどんどん小さくなってきている。
3　葉がだらしなく下に向いてきてしまった。

いずれも日光不足が原因です。そして、ほとんどの方の枯らしてしまう原因がこれにあたります。軽い症状でしたら、光にもっと当ててあげれば元に戻りますし、ひどければ剪定すると下からまた子供が出てきます。人工的な照明も効果がありません。しっかりと紫外線が含まれた日光を当てます。

シーズンごとの育て方

◎ 春
成長期。しっかり光に当てながら水をあげて、株を大きくしましょう。葉が痩せたり鮮やかな色が抜けてきますが、正常ですのでご安心を。虫がつきやすい時期なので駆除を。間延びしやすい時期なので、日光浴をお忘れなく。植え替えに最適。

◎ 夏
湿度が苦手な多肉にとってはとてもつらい時期。水を控えて、なるべく風通しをよくし、蒸らさないように気をつけます。長期留守にする場合は要注意です。少し遮光して日焼けを予防し、しっかりと休ませます。

◎ 秋
成長期。紅葉が始まります。夏に休ませていた分、水をあげると一気に生き返ります。葉も太って色も鮮やかになっていきます。日光によく当てて、あまり過保護にせずに寒さにも少し当ててあげると色づきがよくなります。
※紅葉しない種類もあります。

◎ 冬
0度以下になると凍って枯れてしまう種類がほとんどです。寒さに弱い種類もたくさんあるので、なるべく温かい場所に置いて、水を控えます。成長はしませんが、きれいな紅葉を楽しませてくれる時期です。

用語解説

学名【がくめい】
国際規約にもとづく生物の共通名で、属名と種名の組み合わせが普通。世界共通の呼び名。

花茎【かけい】
花が光を求めて茎を伸ばした先に花を作る状態の茎の部分の名称。

気根【きこん】
土の中ではなく、空気中に根が出たもの。支持根、吸収根といった区別がある。支持根は身体のバランスを保つために。吸収根は水分の吸収を助けるものです。

擬態【ぎたい】
動物の食害から身を守るために、生息している環境に真似て身体を変化させる。

群生【ぐんせい】
子吹きを繰り返して、単体がたくさん集まって塊状に成長していく現象。

毛【け】
寒さから身を守るためや、強い日差しを避けるために身体から出た組織。

原種【げんしゅ】
祖先型の種類。品質改良される前の種類。

木立ち種【こだちしゅ】
上へ伸びて、木のように立ち上がって育つ種類。

子吹き【こぶき】
親株から子供が出て成長する現象。

挿し木【さしき】
伸びた枝を剪定して、茎を土にさして殖やす繁殖方法。

棘座【しざ】
棘が生える土台の部分の名称。サボテン科に属するものは全てこれを有する。

遮光【しゃこう】
光を何らかの方法でさえぎること。

森林性【しんりんせい】
湿度の高い森林に生息している種類の性質。湿度を好みます。

綴化【せっか】
普通の植物の成長点が一点なのに対し、生長点が線になり、四方八方に成長する現象。奇形。

剪定【せんてい】
伸びた部分を切り、形を整える作業。

属【ぞく】
基本的な身体の構造や性質がほとんど共通で、些細な部分でのみ区別できる種のまとまりを属としてくくる。属は科の下・種の上に位置する。属の下に亜属をもうけることがある。

属名【ぞくめい】
属を示す名称。ラテン語またはラテン語化した名詞で、頭文字を必ず大文字にする。

脱皮【だっぴ】
葉の部分が玉状になった種類が、葉の中で新しい葉を作り中から新しい葉が出てくる現象。リトープス属やコノフィツム属に起こる。

着生種【ちゃくせいしゅ】
気根をよく出し、気根を樹木に根づかせて成長をする種類の総称。寄生種とは異なります。

夏型種【なつがたしゅ】
夏に成長する種類。ほとんどの種類がこちら。

根腐れ【ねぐされ】
水が多かったり、鉢の中が蒸れたりして根が腐り、成長ができずにいる状態。

根詰まり【ねづまり】
根が伸びていけないほど、鉢の中が根がはびこっていっぱいになり、成長を止めてしまった状態。

白粉【はくふん】
遮光するために葉の表面がファンデーションを薄く塗ったようになっていることが多い。その粉の名前。

葉ざし【はざし】
葉1枚から新しい個体を殖やすことができる繁殖方法。

花芽【はなめ】
花茎が伸びてきた最初の段階の名称。

葉焼け【はやけ】
葉がやけどのようになる状態。日に慣れていない状況から急に日に当てると起きる現象。夏の強光でもなる場合がある。

斑入り【ふいり】
もともと緑色の単色で構成される組織の一部が白や黄色あるいは赤の模様になること。突然変異。

冬型種【ふゆがたしゅ】
冬に成長する種類。リトープス属、コノフィツム属やクラッスラ属の一部が含まれる。

匍匐【ほふく】
はっていくこと。

窓【まど】
光を採り込もうと、葉の先がレンズのように透明感がある部分を呼びます。ハオルシア属の一部、リトープス属が有する。

木質化【もくしつか】
枝の部分が大きくなった身体を支えるために硬くなり、木のように茶色くなる状態。根元の部分から現象が広がっていきます。

ロゼット
葉がバラの花のように、放射線状に広がった姿の名称。

和名【わめい】
日本名でニックネームをつけたもの。明治時代ごろからの日本独自の呼び方。

多肉植物図鑑 Index ※欧文は学名。

あ

アイボリーパゴダ　Crassula ivory pagoda　26
アエオニウム　Aeonium　32
青柳（あおやぎ）　Rhipsalis cereuscula　74
赤棘黄金司（あかとげこがねつかさ）
　　Mammilaria elongata var.albispina　68
アガベ　Agave　23
アストロフィツム　Astrophytum　56
アッセンシオニス
　　Mammillaria glassii var. ascensionis　70
アデニア　Adenia　37
アドロミスクス　Adromischus　14
アルボレッセンス　Kalanchoe arborescens　29
五十鈴玉（いすずぎょく）　Fenestraria aurantiaca　17
イリアセッカ　Echeveria 'Iria' f. cristata　21
烏羽玉（うばだま）　Lophophora williamsii　53
永楽（えいらく）　Adromischus cristatus　14
エキノカクタス　Echinocactus　65
エキノセレウス　Echinocereus　63
エキノフォスロカクタス　Echinofossulocactus　55
エケベリア　Echeveria　19
エスポストア　Espostoa　54
エピテランサ　Epithelantha　50
エリオカクタス　Eriocactus　62
オーロラ　Sedum rubrotinctum f. variegata　10
黄金月兎耳（おうごんつきとじ）
　　Kalanchoe tomentosa 'Golden Rabbit'　31
乙女心（おとめごろこ）　Sedum pachyphyllum　9
オプンチア　Opuntia　64
オレンジ棘紅彩閣（おれんじとげこうさいかく）
　　Euphorbia enopla ver.　44

か

怪魔玉（かいまぎょく）
　　Euphorbia bupleurifolia cv.'KAIMAGYOKU'　43
雅楽の舞（ががくのまい）
　　Portulacaria afra var. variegata　36
臥牛（がぎゅう）　Gasteria armstrongii　38
ガステリア　Gasteria　38
カマエケレウス　Chamaecereus　62
カランコエ　Kalanchoe　29
カンディアエ　Sulcorebutia candiae　67
ギガス　Haworthia arachnoidea v. gigas　16
吉祥天（きっしょうてん）
　　Agave parryi var. huachucensis　24
キムナッキー　Crassula cv.'Kimnachii'　26
ギムノカリキウム　Gymnocalycium　60
玉扇（ぎょくせん）　Haworthia truncata　16
銀月（ぎんげつ）　Senecio haworthii　40
金晃丸（キンコウマル）　Eriocactus leninghausii　62
金鯱（きんしゃち）　Echinocactus grusonii　65
銀揃え（ぎんぞろえ）
　　Crassula mesembryanthemoides　27
金手毬セッカ（きんてまりせっか）
　　Mammillaria elongata f.monst　73
銀のスプーン（ぎんのすぷーん）
　　Kalanchoe bracteata　30
銀盃（ぎんぱい）　Crassula hirsuta　27
銀波錦（ぎんぱにしき）　Cotyledon undulata　13
金洋丸（きんようまる）　Mammillaria marksiana　72
熊童子（くまどうじ）　Cotyledon adismithensis　12
黒法師（くろほうし）
　　Aeonium arboreum var.atropurpureum　33
グラウカ　Adenia glauca　37
クラッスラ　Crassula　25
グラベリア　Graveria　22
グリーンネックレス　Senecio rowleyanus　41

グロメラータ　Gasteria glomerata　39
毛蟹（けがに）　Haworthia cv. "Kegani"　16
幻楽（げんらく）　Espostoa melanostele　54
ゴーラム　Crassula portulacea cv. Golum　28
恋山彦（こいやまひこ）　Mammillaria brauneana　70
紅彩閣（こうさいかく）　Euphorbia enopla　43
小匙（こさじ）　Kalanchoe hildebrandtii　30
コノフィツム　Conophytum　17
コチレドン　Cotyledon　12
子猫の爪（こねこのつめ）
　　Cotyledon tomentosa ssp.ladismithiensis　12
小人の帽子（こびとのぼうし）　Epithelantha bokei　50
コレクタ　Haworthia correcta　15

㊂ さ

彩雲閣（さいうんかく）　Euphorbia trigona　43
サルメントーサ　Crassula sarmentosa f.variegata　28
サンバースト　Aeonium urbicum 'Sunburst'　32
サンバーストセッカ
　　Aeonium urbicum cv.'Sunburst' cristata　32
四角ランポー玉（しかくらんぽーぎょく）
　　Astrophytum myriostigma var.quadricostatum　56
獅子王丸（ししおうまる）
　　Notocactus mammulosus var.　58
雫石（しずくいし）　Haworthia obtusa　15
紫蛮刀（しばんとう）　Senecio crassissimum　40
十字星（じゅうじせい）
　　Crassula perforata var. variegata　28
十二の爪（じゅうにのつめ）　Haworthia reinwardtii　16
数珠星（じゅずぼし）　Crassula mernieriana cv.　28
白樺キリン（しらかばきりん）
　　Euphorbia mammillaris cv.'Variegata'　44
白雪ミセバヤ（しらゆきみせばや）
　　Sedum spathulifolium　9
神刀（じんとう）　Crassula perfoliata var. falcata　25

翠冠玉（すいかんぎょく）　Lophophora diffusa　52、53
墨烏帽子（すみえぼし）　Opuntia rubescens　64
スルコレブチア　Sulcorebutia　67
聖園（せいえん）　Conophytum igniflorum　17
セダム　Sedum　8
雪晃（せっこう）　Brasilicactus haselbergii　66
セデベリア　Sedeveria　22
セネシオ　Senecio　40
千波万波（せんさばんば）
　　Echinofossulocactus multicostatus f.elegans　55
仙童唱（せんどうしょう）　Aeonium spathulatum　33
仙人の舞（せんにんのまい）　Kalanchoe orgyalis　30
蒼角殿（そうかくでん）　Bowiea volubilis　34
象牙団扇（ぞうげうちわ）
　　Opuntia microdasys var.albispina　64

㊂ た

大正キリン（たいしょうきりん）　Euphorbia echinus　44
太白丸（たいはくまる）　Thelocactus macdowellii　59
高砂（たかさご）　Mammillaria bocassana 'roseiflora'　71
玉翁（たまおきな）　Mammillaria hahniana　71
多稜玉（たりょうぎょく）
　　Echinofossulocactus multicostatus　55
チワワエンシス　Echeveria chihuahuaensis　19
月影丸（つきかげまる）　Mammillaria zeilmanniana　71
月世界（つきせかい）　Epithelantha micromeris　51
月兎耳（つきとじ）　Kalanchoe tomentosa　30
鶴の子丸（つるのこまる）　Mammillaria martinezii　70
ティンカーベル　Cotyledon cv."TinkerBell"　13
鉄甲丸（てっこうまる）　Euphorbia bupleurifolia　43
デビー　Graveria 'Debbie'　22
テフロカクタス　Tephrocactus　65
テロカクタス　Thelocactus　59
唐印（とういん）　Kalanchoe thyrsiflora　31
トッピシータビー　Echeveria cv. 'Topsy Turvy'　20

トリギナス　Adromischus trigynus　14

な

ナンバーワン　Agave titanota sp. No.1　23
日輪玉(にちりんぎょく)
　　Lithops aucampiae ssp. aucampiae　18
虹の玉(にじのたま)　Sedum rubrotinctum　10
ノトカクタス　Notocactus　58

は

パーティードレス　Echeveria cv. Party Dress　19
バイオレットクイーン　Aeonium cv. 'Violet Queen'　33
ハオルシア　Haworthia　15
パキフィツム　Pachyphytum　11
パキポジウム　Pachypodium　45
白鳥(はくちょう)　Mammillaria herrerae　70
花の司(はなのつかさ)　Echeveria harmsii　21
美花角(びかかく)　Echinocereus pentalophus　63
緋花玉(ひかだま)　Gymnocalycium baldianum　61
緋花玉セッカ(ひかだませっか)
　　Gymnocalycium baldianum f.monst　61
ピコ　Mammillaria spinosissima cv.' Pico'　71
緋牡丹錦(ひぼたんにしき)
　　Gymnocalycium mihanovichii var. friedrichii
　　cv. 'HibotanNishiki'　60
姫星美人(ひめせいびじん)　sedum dasyphyllum　8
姫春星(ひめはるぼし)
　　Mammillaria humboldtii var.caespitosa　72
白檀(びゃくだん)　Chamaecereus silvestrii　62
ファング　Kalanchoe beharensis 'Fang'　31
ファンファーレ　Sedeveria cv. 'Fanfare'　22
斑入り丸葉万年草(ふいりまるばまんねんぐさ)
　　Sedum makinoi f. variegata　10

フェネストラリア　Fenestraria　17
フェロックス　Euphorbia ferox　44
福だるま(ふくだるま)
　　Cotyledon orbiculata var.oophylla　13
吹上(ふきあげ)　Agave stricta　24
フミリス　Kalanchoe fumilis　31
プベッケンス　Crassula pubescens　26
ブラジリカクタス　Brasilicactus　66
紅小町(べにこまち)　Notocactus scopa　58
紅鷹(べにたか)　Thelocactus heterochromus　59
紅覆輪(べにふくりん)
　　Cotyledon macrantha var. virescens　13
ポーチュラカリア　Portulacaria　36
ボウイエア　Bowiea　34
宝珠(ほうじゅ)　Sedum dendroideum　10
ホリダ　Euphorbia horrida　42
ボンビシナ　Echeveria cv. Bombycina　20

ま

マミラリア　Mammillaria　68
満月(まんげつ)　Mammillaria candida car.rosea　73
乱れ雪(みだれゆき)　Agave filifera ssp. schidigera　24
緑亀の卵(みどりがめのたまご)　Sedum hernandezii　9
武蔵野(むさしの)　Tephrocactus articulatus　65
紫太陽(むらさきたいよう)
　　Echinocereus rogidissimus　63
紅葉祭り(もみじまつり)
　　Crassula cv.'Momiji Matsuri'　27
桃美人(ももびじん)　Pachyphytum oviferum　11
森の妖精(もりのようせい)　Echeveria Gusto　21
モロキネンシス　Portulacaria molokiniensis　36

(や)

ユーフォルビア　Euphorbia　42
夕映え（ゆうばえ）　Aeonium decorum　f. variegata　33

(ら)

ラウリンゼ　Echeveria 'Laulindsa'　20
ランポー玉（らんぽうぎょく）
　Astrophytum myriostigma　57
リトープス　Lithops　18
リプサリス　Rhipsalis　74
レモータ　Crassula remota　26
ロスラーツム　Pachypodium rosulatum　45
呂千絵（ろちえ）　Crassula Morgans Beauty　27
ロッティー　Sedum cv.' Rotty'　9
ロフォフォラ　Lophophora　52

松山美紗（まつやま　みさ）

多肉植物を扱う専門ブランド『sol×sol（ソルバイソル）』のクリエイティブディレクター。郊外に温室をもち、植物の生産から販売まで行なっている。白い陶器やプリンカップなどを使ったコンパクトなアレンジメントが人気。著書に『多肉植物の寄せ植え』（小社刊）がある。

solxsol　http://www.solxsol.com/

撮影	下村しのぶ
カバー・本文デザイン	葉田いづみ
校閲	校正舎楷の木
編集	クリエイトONO（大野雅代）
企画・進行	鏑木香緒里（辰巳出版）

多肉植物図鑑

平成24年8月1日　　初版第1刷発行
平成25年3月25日　　初版第2刷発行

著者　　松山美紗
発行者　穂谷竹俊
発行所　株式会社日東書院本社
　　　　〒160-0022 東京都新宿区新宿2丁目15番14号 辰巳ビル
　　　　TEL 03-5360-7522（代表）　FAX 03-5360-8951（販売部）
　　　　振替 00180-0-705733　URL http://www.TG-NET.co.jp
印刷　　大日本印刷株式会社
製本　　株式会社セイコーバインダリー

本書の無断複写複製（コピー）は、著作権上での例外を除き、
著作者、出版社の権利侵害となります。
乱丁・落丁はお取り替えいたします。小社販売部までご連絡ください。
©Misa Matsuyama2012, Printed in Japan　ISBN 978-4-528-01639-2　C2061